瑜伽經
白話講解
必普提篇

斯瓦米韋達・帕若堤（Swami Veda Bharati）／著　石宏／譯

印度瑜伽大師斯瓦米韋達親授及導讀
解析瑜伽八肢法的三內肢，
以及練就三耶昧後，可能出現的多種殊勝超能力「悉地」。
繼《瑜伽經白話講解・三摩地篇、行門篇》之後，第三本解譯續作

हिरण्यगर्भादारब्धां शेषव्यासादिमध्यमाम्
स्वामिश्रीरामपादान्तां वन्दे गुरुपरम्पराम्

स्वामी वेद भारती

योगः समाधिः

YOGA IS SAMADHI

瑜伽即三摩地

譯者按，前頁是斯瓦米韋達以梵文譜寫的一首頌禱文，屬於32音節的調性。所頌禱的對象是喜馬拉雅瑜伽傳承一系列上師所形成的法脈之流，禱文音譯成羅馬拼音及中譯如下：

hiraṇya-garbhād ārabdhāṁ śheṣha-vyāsādi-madhyamām.
svāmi-śhrī-rāma-pādāntāṁ vande guru-paramparām.
始於（光和上師靈之）金胎藏，中有栖舍（帕坦迦利）、威亞薩等宗師，
後傳至室利斯瓦米拉瑪足下，於此（綿延不絕之）上師傳承，吾稽首。

頁面下方是國際喜馬拉雅瑜伽禪修協會（Association of Himalayan Yoga Meditation Societies International）的會標。該協會由斯瓦米韋達所創建，簡稱爲「AHYMSIN」，旨在結合全世界喜馬拉雅瑜伽傳承的同修，爲發揚斯瓦米拉瑪所闡述的喜馬拉雅瑜伽之道而努力。會標內的文字爲《瑜伽經》對瑜伽的定義：瑜伽即三摩地。

目次

《瑜伽經》第三篇「必普提篇」綱目

◎瑜伽的八肢法 · 內三肢

III.1 deśha-bandhaśh chittasya dhāraṇā

心地之繫於一處，是專注。

III.2 tatra pratyayaika-tānatā dhyānam

單一知覺持續於彼處，是爲禪那。

III.3 tad evārtha-mātra-nirbhāsaṁ sva-rūpa-śhūnyam iva samādhiḥ

彼唯所對境顯現，自身若空，是爲三摩地。

◎三耶昧

定義

III.4 trayam ekatra saṁyamaḥ

三者合一爲三耶昧。

III.5 taj-jayāt prajñālokaḥ

調伏彼則見慧。

III.6 tasya bhūmiṣhu vi-ni-yogaḥ

彼應用於諸地。

III.7 trayam antar-aṅgaṁ pūrvebhyaḥ

三者於前者爲內肢。

III.8 tad api bahir-aṅgaṁ nir-bījasya

即彼亦無種子之外肢。

滅轉化

III.9 vyūtthāna-nirodha-saṁskārayor abhi-bhava-prādur-bhāvau nirodha-kṣhaṇa-chittānvayo nirodha-pariṇāmaḥ

起滅心印之抑與揚，心地俱剎那之滅，乃轉滅。

III.10 tasya praśhānta-vāhitā saṁskārāt

由心印故，彼之流寂靜。

III.11 sarvārthataikāgratayoḥ kṣhayodayau chittasya samādhi-pariṇāmaḥ

遍做性、一心性之消與長，乃心地之轉三摩地。

III.12 tataḥ punaḥ śhāntoditau tulya-pratyayau chittasyaikāgratā-pariṇāmaḥ

此後，復次，隱與顯心同，乃心地之轉一心。

三轉化

III.13 etena bhūtendriyeṣhu dharma-lakṣhaṇāvasthā-pariṇāmā vyākhyātāḥ

以此，諸大與根之法時位相轉化已說。

III.14 śhāntoditāvyapadeśhya-dharmānu-pātī dharmī

與隱顯未名諸法相並俱者爲法體。

III.15 kramānyatvaṁ pariṇāmānyatve hetuḥ

序之異動爲轉異動之因。

悉地

知過去未來

III.16 pariṇāma-traya-saṁyamād atītānāgata-jñānam

行三耶昧於三轉化之故，知過去未來。

知衆生語言

III.17 śhabdārtha-pratyayānām itaretarādhyāsāt saṅkaraḥ, tat-pravibhāga-saṁyamāt sarva-bhūta-ruta-jñānam

字義知相互重疊混淆，行三耶昧於彼之分辨，一切生靈音聲皆知曉。

知前世

III.18 saṁskāra-sākṣhāt-karaṇāt pūrva-jāti-jñānam

由實證心印，知前世。

知他心

III.19 pratyayasya para-chitta-jñānam

於知覺，知他心。

III.20 na cha tat sālambanaṁ tasyāviṣhayī-bhūtatvāt

然而彼非對象，故非所依緣。

能隱身

III.21 kāya-rūpa-saṁyamāt tad-grāhya-śhakti-stambhe chakṣhuḥ-pra-kāśhāsaṁ-pra-yoge'ntar-dhānam

行三耶昧於身之形，彼可見力受阻，與眼光無觸，則隱形。

知死期

III.22 sopakramaṁ nir-upa-kramaṁ cha karma tat-saṁyamād aparānta-jñānam ariṣhṭebhyo vā

業報臨及未臨，行三耶昧於彼或惡兆，知死期。

得慈力

III.23 maitry-ādiṣhu balāni

於慈等生力。

得象力

III.24 baleṣhu hasti-balādīni

於彼力得象等力。

得遙視

III.25 pravṛitty-āloka-nyāsāt sūkṣhma-vyavahita-viprakṛiṣhṭa-jñānam

深注光照所布，知細微、隱蔽、遙遠。

知宇宙

III.26 bhuvana-jñānaṁ sūrye saṁyamāt

三耶昧於日，知世界。

知星位

III.27 chandre tārā-vyūha-jñānam

於月，知星辰排列。

知星行

III.28 dhruve tad-gati-jñānam

於北斗，知彼等之運行。

知自身

III.29 nābhi-chakre kaya-vyūha-jñānam

於臍輪，知身結構。

止飢渴

III.30 kaṇṭha-kūpe kṣhut-pipāsā-nivṛittiḥ

於喉井，止飢渴。

得靜止

III.31 kūrma-nāḍyāṁ sthairyam

於龜脈，則穩固。

見仙聖

III.32 mūrdha-jyotiṣhi siddha-darśhanam

於頭之光，睹悉達。

知一切

III.33 prātibhād vā sarvam

或以靈光得全體。

識自心

III.34 hṛidaye chitta-saṁvit

於心，解悟心地。

知本我，感官利

III.35 sattva-puruṣhayor atyantāsaṁkīrṇayoḥ pratyayāviśheṣho bhogaḥ parārthatvāt svārtha-saṁyamāt puruṣha-jñānam

悅性本我全然分離，因此爲彼對象故，認知混同而生受，行三耶昧於自，知曉本我。

III.36 tataḥ prātibha-śhrāvaṇa-vedanādarśhāsvāda-vārtā jāyante

由彼，直覺、聽、觸、視、味、嗅覺顯現。

III.37 te samādhāv upasargā vyutthāne siddhayaḥ

彼等爲三摩地之障，乃起心之悉地。

能易身

III.38 bandha-kāraṇa-śhaithilyāt prachāra-saṁvedanāch cha chittasya para-śharīrāveśhaḥ

由解開繫縛之緣由及覺知心識之流，得進據他人身。

知捨身

III.39 udāna-jayāj jala-paṅka-kaṇṭakādiṣhv asaṅga utkrāntiśh cha

由調伏上行氣，不陷於水、泥濘、荊棘等，能上升。

生火力

III.40 samāna-jayāj jvalanam

由調伏平等氣，得炙燃光輝。

聞天音

III.41 śhrotrākāśhayoḥ sambandha-saṁyamād divyaṁ śhrotram

行三耶昧於耳與空之觸，聽聞天音。

能空行

III.42 kāyākāśhayoḥ saṁbandha-saṁyamāl laghu-tūla-samāpatteśh chākāśha-gamanam

行三耶昧於身與空之觸，及得身輕如棉之境，能天行。

大無身

III.43 bahir-akalpitā vṛittir mahā-videhā tataḥ prakāśhāvaraṇa-kṣhayaḥ

外而無執之心境爲摩訶無身，因而光明之遮蔽消散。

調伏五大與感官

III.44 sthūla-svarūpa-sūkṣhmānvayārthavattva-saṁyamād bhūta-jayaḥ

由三耶昧於粗、性、細、固、義，得調伏諸大。

III.45 tato'ṇimādi-prādurbhāvaḥ kāya-sampat tad-dharmānabhighātaśh cha

如是，則能現細身等，成就完身，且質不受抑。

III.46 rūpa-lāvaṇya-bala-vajra-saṁhananatvāni kāya-saṁpat

形美優雅強壯堅實，是完美身。

III.47 grahaṇa-svarūpāsmitānvayārthavattva-saṁyamād indriya-jayaḥ

由三耶昧於取、性、我、固、義，得調伏諸根。

III.48 tato mano-javitvaṁ vikaraṇa-bhāvaḥ pradhāna-jayaśh cha

如是，疾如心念，超感官，以及調伏原物。

全能與全智

III.49 sattva-puruṣhānyatā-khyāti-mātrasya sarva-bhāvādhiṣhṭhātṛitvaṁ sarva-jñātṛitvaṁ cha

純然能知悅性與本我之別，是全能以及全智。

III.50 tad-vairāgyād api doṣha-bīja-kṣhaye kaivalyam

即於彼亦無執，不潔種子消失，得獨存

III.51 sthāny-upa-nimantraṇe saṅga-smayākaraṇaṁ punar aniṣhṭa-prasaṅgāt

天人邀伴亦不貪不矜，免重墮受殃。

明辨慧所生智

III.52 kṣhaṇa-tat-kramayoḥ saṁyamād vivekajaṁ jñānam

三耶昧於剎那及彼之序，由明辨慧生智。

III.53 jāti-lakṣhaṇa-deśhair anyatā'navachchhedāt tulyayos tataḥ pratipattiḥ

類、徵、地無法分辨二者有別，則如是判定。

III.54 tārakaṁ sarva-viṣhayaṁ sarvathā-viṣhayam akramaṁ cheti vivekajaṁ jñānam

能解脫，知一切境及一切狀，非次第，此乃明辨慧所生智。

獨存

III.55 sattva-puruṣhayoḥ śhuddhi-sāmye kaivalyam iti

悅性與本我同等潔淨，乃獨存，即此。

譯者前言：用瑜伽學瑜伽

《瑜伽經》的第三篇是開始講述「八肢瑜伽」的最後三個步驟：專注（dhāraṇā）、禪那（dhyāna）、三摩地（samādhi）。這三個肢被稱爲八肢中的「內肢」，因爲從這裡才眞正是在「心內」做工夫。根據《瑜伽經》，瑜伽的定義是「心行寂滅」。所以這一篇的重要性不言而喻。

相對地，前面的五肢被稱爲「外肢」，因爲它們都是在「心外」做工夫。從「夜摩」（yama）的戒律和「尼夜摩」（niyama）的善律開始，是在淨化身心，培養正確的心態和端正的行爲，爲其後各項修練扎根。其後第三和第四肢的「體式」、「調息」，是有系統地調伏身體和呼吸。第五肢的「內攝」則是讓感官靜止下來，不再向外追逐聲色香觸味的刺激。總之，外五肢的修練，是爲了讓自己的生活、身體、呼吸、感官，不要成爲心的干擾。用斯瓦米拉瑪的話說，這是「把心孤立起來」，如此才能更有效地去練心、治心。《瑜伽經》第二篇到此結束。

第三篇由「專注」開始。有很多外文書將「三摩地」翻譯成英文的「專注」（concentration）。這不完全正確，但也不能說不正確。儘管有南傳佛教的大師主張「三摩地」根本不是「專注」的意思，他們的意見是專注會引起緊張，如此反而會妨礙到禪定。但是在喜馬拉雅瑜伽傳承，只有在完全放鬆的狀態中，才有可能眞正做到專注。根據《瑜伽經》，初階的「有智三摩地」必然是由「專注」開始，也必然包括了「專注」，因爲還是有個所專注的對象存在，也就是說還要用到心，不過心是處於「一心」的狀態。只有到了終極的「非智三摩地」，連所專注的對象都沒有了，心識轉滅了，那才沒有「專注」與否的問題。

要進入眞正的「專注」，絕對不是件簡單的事。「專注」不是一般所謂的專心而已。斯瓦米韋達在講述時提醒我們，《瑜伽經》講究所謂「資質勘受」，也就是說要等前面的工夫做到了，才具備進行下一步修練的條件。「專注」的前提是「調息」要能做到「止息」的地步。斯瓦米在講述本篇第1經的時候，就提到了一個實修調息的簡略方法。

「專注」的另一個前提是「內攝」，讓感官靜下來。這個題目甚少人談論。斯瓦米韋達在講述第二篇的時候，有提到幾種實修的辦法。他在講本篇第47經時，以自己的經驗爲例，說「內攝」並不是完全不使用感官，而是能將感官的感受作用和內心所起的識別了知作用隔開，這是非常細緻的工夫。做到了，心地就自然能夠不受感官所左右。

有趣的是，第三篇開場講述內三肢，卻只有寥寥三句經就把專注、禪那和三摩地這最後三個步驟給講完了。連註釋《瑜伽經》最權威的威亞薩（Vyāsa），在解釋這頭三句經的時候，也變得惜字如金，落墨甚輕。基本上，「專注」是把心念放在一個地方，置心一處，心念之流有如一股平靜的泉水。能長時間維持專注在同一個對象之上，沒有任何其他雜念岔進來，心念之流由一股泉水變成了一股流動的油或是蜜汁，水波不興、沒有飛濺，就進入了「禪那」。如此繼續專注有成，原本三足鼎立的「對象」、「專注者」、「專注的過程」消融，合而爲「一」，只剩下所專注的「對象」，就開始層層深入不同境地的「三摩地」。

實際上，「專注」、「禪那」、「三摩地」這三個內「肢」雖然是個別成立，但又很難明確劃分開來。它們就像光譜中相鄰的色光區域，可以看出彼此的顏色不同，但是無法確切指出紅光區延伸到哪一個地方開始變成了橙光區，橙光區又是延伸到哪一個地方開始變成了黃光區。因此，第三篇的第4經告訴我們，工夫再深了，這三肢就要一氣呵成。如果這三肢能夠三管齊下的話，就叫做「三耶昧」。第三篇其後的經句，都是在講述三耶昧，以及它所成就的效驗。

在講完了什麼是「三耶昧」的定義之後，《瑜伽經》用接下來的七句經（第9至15經）講述什麼是「轉化」。第9至12經是說在三耶昧中，內心是如何轉化爲「一心」、「三摩地」、「寂滅」。第13至15經則是說，心、感官、五大物質元素都不停地在轉化變易，也提出了法相、時相、位相這三種轉化變易。「轉化」是個很重要的過程，如果沒有轉化，則一切修練豈非白費工夫？正是因爲能轉化、有轉化，我們才可能將心地由散亂、昏沉的境地，轉爲專一、寂滅。也因爲有轉化的作用，所以才會出現種種其後所列舉的種種「悉地」。

從第16經開始，一直到倒數第二句的第54經，都是在講由專注不同對象的三耶昧，其成就效驗所可能帶出來的種種悉地。第三篇一共列出將近三十種之多的悉地。「悉地」這個名詞，我們在學習第二篇的時候已經遇到，它是梵文siddhi的譯音，字面意思是成就、功力。常見《瑜伽經》的英文翻譯把它翻譯成是一種「力」（power），然後，冠上神異（supernormal）、神祕（mystic）、超自然（supernatural）、魔法（magical）、奇蹟（miracle）等形容詞，來稱呼這個「力」。漢傳佛經常譯音爲「悉地」、「悉底」，或是譯義爲「成就」。在中文中，有時也會稱它爲「神通」，但是嚴格說來「神通」似乎是由另一個梵文字（abhijñā）而來。無論是譯爲「悉地」也好，「神通」也好，似乎都意謂著某種不尋常的超凡能力或現象，是一般人所沒有的。從現代的觀點來說，它是當今科學無法解釋來由，無法有效度量，更無法由非特定人重複驗證展現的一些奇異能力現象。

然而，耐人尋味的是，《瑜伽經》的作者帕坦迦利（Patañjali）並非將第三篇命名爲「悉地」篇，而是用了另一個比較罕用的名詞「必普提」，將第三篇名爲「必普提」篇。大多數解釋《瑜伽經》的著作，對此沒有多做解釋，一般認爲「必普提」就是「悉地」。斯瓦米韋達曾經就這個題目寫了一篇專文（見本書附錄），或許有助於我們了解原因所在。他指出「必普提」最原始的意義是神靈由「一」顯現為「多」，本篇名叫做「必普提」就是在表明種種的「悉地」都是瑜伽士自己的本性所顯現出來的多樣性，我們必須這麼理解悉地的本質。其次，他主張悉地不僅限於《瑜伽經》第三篇才有，其他的三篇裡面也都提到不同的悉地。

對於學習《瑜伽經》的現代人而言，「悉地」可能會是個令人既感到好奇又覺得不安的題目。以第三篇裡面所列舉的悉地為例，有能知過去未來，有能聽懂動物語言，有能知天文，有能知別人心念，有能進據別人身體，有能見到或聽到極遙遠極細微的東西或音聲，有能飛天，有能不受水侵、不受火灼，有能隱身等等的悉地，眞可以說是琳琅滿目，讀之令人心動。

但是，我們所受過的教育訓練以及社會上的思潮，又在在告訴我們要講究科學實證，這些悉地聽起來不是神話就是迷信。帕坦迦利所寫的《瑜伽經》，邏輯極為嚴謹，編排條理分明，而且講究實修，不空談理論，是理性務實之作。他的用字極為精簡，把瑜伽之道濃縮為區區196句經。然而，此處卻用上了整部《瑜伽經》約五分之一的篇幅，來一一敘述種種不可思議的悉地。這就十分耐人尋味了。印度古代闡釋《瑜伽經》的大師毫不懷疑悉地的眞實性。至於現代的西方學者，有的是採取「忠實」翻譯的立場，對於內容的眞實性不加評斷。有的則是試圖從哲學思辨的角度將悉地合理化。

例如，根據數論（sāṅkhya）哲學對於心識、感官、五大元素演化的理論，悉地不過是瑜伽士在修練過程掌握了其中的轉化變易之道，所以才「心能轉物」，這毫無「超自然」、「異常」可言，根本是自然、正常的。只不過因爲能夠修練到這個地步的人不多，所以就顯得不凡。但前提是要信服、接受數論哲學。又例如第13、14、15經就是在講述心物的轉化變易法則，把三耶昧的工夫用在這上面，實證到其中的前因後果之「序」，則第16經所說的能知過去未來的「悉地」，似乎就不是空談。再例如第17經所說的悉地，是能聽懂一切生靈的語言。這個背後的「道理」，依據威亞薩的詳盡解釋，要用三耶昧把言語文字如實「解構」，一拆爲三。基本上，這就是印度對於言語的古典哲學理論。其中牽涉了音聲的理論，構成言語的「音素」，構成單字和構成句子的文法，以及我們是如何理解言語所要傳達的意思。順著這個邏輯，理解其他生靈所發出音聲背後的意念，似乎並非妄想。

總的來說，現代的西方學術論著中，主張無條件全盤接受「悉地」的，大概沒有。原因就在於缺少「科學」證據。對於這個問題，斯瓦米韋達的弟子司通馬（Stoma，本名Stephen Parker，美國心理學博士，心理治療師，喜馬拉雅瑜伽傳承資深教師）曾經論述過有四個原因❶：

- 具有這種能力的人非常罕見，研究者很難尋獲一位眞正的大師。縱然遇見了，零星個案也不足以滿足科學統計取樣所要求的樣本數。

- 《瑜伽經》嚴正告誡修行人不可以執著於悉地，要視之爲障礙陷阱。大修行人對此避之唯恐不及，當然極少人會願意公開自己有這種能力。
- 有時候，科學家遇到了目前科學無法解釋的現象，基於學術上的顧慮，會選擇不予理會（事例見*Beyond Biofeedback* by Greene, E. & Greene, A., 1977, Delacorte Press）。
- 即使用了當今最先進的儀器設備，研究者還是無法將被觀察者內在主觀的禪定境界予以量化，甚至也無法用言語文字予以表述。

斯瓦米韋達對「悉地」的看法是極爲務實的。首先，他總是提醒我們，《瑜伽經》在第四篇告訴我們，悉地的顯現就像農夫用水灌溉農田。水不是農夫造出來的，也無需費勁推拉，只要拉起擋水的柵門，水就自然流出。悉地是人類生命本有的潛能，沒有發出來是因爲遭到淤塞。一旦通了，自然會展現出來。（所以中國人把「悉地」說成是一種「通」，也不無道理。但說成是「神通」則未免言過其實，因爲瑜伽不認爲這是「神」的境界。）《瑜伽經》第三篇在提出「三耶昧」之後，隨即講述了三耶昧修行過程中會發生「轉化變易」，接著具體舉出轉化變易可能會出現的種種「悉地」現象。如實理解了這些轉化變易的道理，就會明白悉地是怎麼來的，它不過是偶然的，而不是必然的。

其次，第三篇中所描述的「悉地」，縱然有迷人之處，但絕大多數是屬於不可取的，執著於它們不但容易讓修行人增長自尊自大的我慢心，更會阻礙修行的進步。帕坦迦利之所以寫出這些悉地，是為我們在修行的地圖上忠實地標示岔路和陷阱的所在。斯瓦米韋達說，執意去修這些「本事」，根本是在浪費生命。他曾經講過一個故事，大意是佛陀在世的時候遇到一位自豪的道人，佛陀要乘船渡河，道人則可以在水面行走而過。到了對岸，佛陀問道人如何得到這種工夫。道人說要苦修十二年才成。於是佛陀說，渡船只需要用上兩枚銅錢，何苦把十二年的人生耗在如此的小事上？

在修行的過程中，如果遇上了這些悉地，可以視為是自己有所進步的一種肯定，增加信心，這是它們唯一有用之處。不過，斯瓦米韋達提醒我們，有些悉地卻是極為可取的。例如，培養「慈悲喜捨」的心態，心地會變得清明而愉悅。履行「非暴」理念，眾生都會對你放下敵意。能深入禪定，來到自己身邊的人自然會靜下來。我們該求的，是這樣的「悉地」；該要的，是這種的「本事」。

《瑜伽經》第三篇最後告訴我們，修三耶昧只有一個目的，就是「獨存」，這才是瑜伽最終的成就。至於什麼是「獨存」，那要到第四篇再詳細交代了。

本書是根據斯瓦米韋達於2007年3月31日至4月14日，在印度學院中講課的錄音聽寫翻譯而來。這次授課一共有15講，每講約20至

30分鐘，是延續他在2006年年底所開講的《瑜伽經》第一篇和第二篇。依他的話說，是屬於小學程度的《瑜伽經》課程，所以講得極為簡略，有幾句經甚至完全略過。至於他詳細論述《瑜伽經》第三篇的《釋論》，是他在2015年臨終前才完稿，學院曾經以樣書的形式試印了少量。由於還需要完成最後的校訂，所以目前尚未正式發行。譯者在翻譯本書過程中，除了聆聽錄音之外，主要是參考這本樣書，並且從中摘譯部分材料做為補充。

《瑜伽經》講實修實證。想起斯瓦米韋達說過，他有一次外訪時和一位世界知名的大學者會面。這位學者精通梵文著作等身，翻譯了許多印度的經典，包括《瑜伽經》在內，指導過許多博士生，但本身不是一位靜坐修行之人。斯瓦米韋達好奇地請教對方，沒有實際修證，如何能將《瑜伽經》翻譯出來。對方十分不解，絲毫不覺得有何問題。斯瓦米韋達還說過，有一次某大學請斯瓦米拉瑪擔任瑜伽博士學位的口試評審。斯瓦米拉瑪對來應試的候選人說，你不用回答任何問題，只要跟著我一起靜坐就行了。結果應試者坐不住，斯瓦米拉瑪就宣布口試沒有通過。之後，那所大學再也沒有請斯瓦米拉瑪回去擔任口試委員。

《瑜伽經》大約在十九世紀左右才開始被介紹到西方，許多專有名詞的外文翻譯到今天仍然沒有統一。中文翻譯的《瑜伽經》則更是處於萌芽的階段，可以預見還需要一段時間才會有比較「成熟」的翻譯版本。細心的讀者或許會察覺本書有少數名詞以及經句的翻譯與以前不同，這是譯者經過斟酌之後所做出的改動，但都附上原文以供讀者比對。

譯者身為業餘翻譯，既不通梵文，更沒有實證基礎，不敢奢望能夠準確理解經典的幽玄密旨，只求還能夠完整傳達斯瓦米韋達講述的內容，對讀者學習《瑜伽經》略有助益，是所至禱。

瑜伽之學博大精深。有學生在課中提問，如何知道自己修行的下一步是什麼？斯瓦米韋達借用威亞薩所引述的格言回答（見本書第6經）：

yogena yogo jñātavyo	用瑜伽學瑜伽。
yogo yogāt pra-vartate	瑜伽生自瑜伽。
yo'pra-mattas tu yogena	無疏於瑜伽者，
sa yoge ramate chiram	能長樂於瑜伽。

以此，與諸讀者共勉。

譯註：

❶ Stephan Parker, "Siddhi Versus Vibhūti：Marvelous Accomplishments or the Natural Unfolding of Normal Human Potential?" 原文收錄在斯瓦米韋達《釋論》第三輯內。

瑜伽經第三篇 必普提篇 述要

斯瓦米 韋達 講述

2007年3月31日至4月14日

講於 印度瑞斯凱詩城 斯瓦米拉瑪道院

石宏 整理翻譯

楔子

在正式開始講《瑜伽經》第三篇之前，我要先請大家注意在吠檀多（Vedānta）哲理中有一部很重要的論，叫做《見所見分辨論》（Dṛig-dṛiśhya-viveka）（譯按，篇名的意思是：明白分辨「能見」、「所見」的論述）。相傳這是第八世紀的商羯羅大師（Śhaṅkarāchārya）所作，只有短短四十六段頌文。我一直想爲這一部《見所見分辨論》做一次專題講座，也許以後會有機會。現在無法爲大家介紹全文，我只簡單地說一下這部《見所見分辨論》與《瑜伽經》的關係。首先是《瑜伽經》第一篇第3經：

> tadā draṣhṭuḥ sva-rūpe'vasthānam
> 於是，見者之安住於本性。

在三摩地的境地，見者能安住在它的自然本性中。這個「見者」（draṣhṭṛ）是誰？此句經中所講的「見者」，是最終極的見者，就是本我（ātman）、眞我（puruṣha），也就是純正的本覺（pure consciousness）。但是，商羯羅大師在《見所見分辨論》中所說的「見者」，指的是見證者，是包括了最終「見者」在內的各個不同層次的「見者」。我們每人都有許多不同層次的「見者」，它們的級別各個不同。

《瑜伽經》第二篇第20經說：

draṣhṭā dṛśhi-mātraḥ śhuddho'pi pratyayānupaśhyaḥ

見者乃唯見，雖淨，能覺所起見。

這最後一個字可以拆開爲「pratyaya-anupaśhyaḥ」（覺知—所引起覺知的對象）。經句的意思是，雖然這個「見者」僅僅是股「見」的力，它是清淨無染的，可是見者能知覺到布提（buddhi）心念被它引起而見到的對象。這個現象就是第一篇第4經所說的：

vṛtti-sārūpyam itaratra

若非，（見者）認心念為己。

（譯按，斯瓦米韋達在此處沒有細說這些經句的意思，請讀者參閱第一篇三摩地篇、第二篇行門篇的白話講解。）

所以，在還沒有進到三摩地的境地、還沒有到達解脫的境地之前，會有很多層次的「見者」，它們並不是那個最終極的「見者」，而是最終極「見者」的作用，是它所引起的作用。這些作用，就是商羯羅大師在《見所見分辨論》中所一一列出的。《見所見分辨論》中的那些「見者」（dṛg），在《瑜伽經》中稱爲「唯見」（dṛśhi-mātraḥ）；而「所見」（dṛśhya），是被看見、被覺知的對象。

第一個層次（最低層次）的「見者」是眼睛。「所見」是外界有形的物質對象。這很容易理解，我們都清楚。

第二個層次，眼睛變成了「所見」，「見者」是心。是心的能見功能，見到眼睛所看的對象。原來的主體，現在成為了客體。

再進一個層次，心中「布提」的作用成為「所見」對象，最終極的見證者成了「見者」。此時心成了什麼？心就成了「所見」，成了「見者」的對象。

而最終極的「見者」是不會成為「所見」的，它不是任何其他「見者」所見到的對象。

所以，外界的形形色色是「所見」，是見的對象；眼睛能見，是「見者」。再進一層，眼睛成了「所見」，是見的對象；心中能見的功能是「見者」，見到眼睛。更進一層，能見的功能本身又是「所見」，成了見的對象，此時「見者」是最終極的見證者，在它之上，沒有「見者」，所以它是不可見的。不會是「所見」。

當我們處於還沒開悟解脫的狀態，就會有這種過程現象。例如此時，你的眼睛能看見所有外界的對象，可是你看不見自己的眼睛。你在鏡子裡看見自己的眼睛，但它不過是眼睛的倒影，不是眼睛本身。當你稍微接近開悟解脫的境地，才可以在心中見到自己的眼睛。

現在，你可以試試從心中去看自己的眼睛。眼睛張開或閉上都無所謂。現在你眼睛成為「所見」，心成為「見者」。瑜伽大師不需要去學習眼科醫學，也能了解眼睛的結構，因為他是從心中去看眼睛的。

附帶一提，我會按摩眼睛（譯按，斯瓦米韋達在別的場合也曾說過，他能按摩眼球來舒緩心臟疾病引起的不適，但是勸大家不要貿然去揉自己的眼球），沒人教過我，但我幫你按摩眼睛的話，你整個身體的疲勞都會消除。

好，你剛才試著從心中去看眼睛。現在再回到這個狀態，試著進一步去覺察這個在心中所經歷的過程，而不去看眼睛。這個就更難了。試試看。你們之中有的人可能在某種程度內做得到，有的人做不到。如果你靜坐的工夫夠深的話，就會比較容易。你要觀察，是心在觀察眼睛所見。

好的，張開眼睛。

我們要明白，內和外都是相對的概念，例如從「身層」（身套）的觀點來看，「氣身層」是見者，「肉身層」（也譯爲「食物身層」）是所見。「氣身層」是所見，「意身層」就是見者。「意身層」是所見，「識身層」就是見者。「識身層」是所見，「樂身層」就是見者。「樂身層」是所見，「見證者」（sākṣhin）就是終極的見者。

最終極的見者是誰也見不到的，連它自己都看不見。它能經驗到自己的存在，但是不會成爲「他者」所見到的對象，不會成爲某個其他見者的「所見」，不會像眼睛既是「見者」又是心的「所見」，或者像是心既是眼睛在看的見證者，同時又是最終見者所看的對象。

這次的課程是《瑜伽經》，我不再進一步講解這部《見所見分辨論》，否則就講不完了，等以後再找時間詳細跟你們一起研究它。不過，我們剛才已經簡單介紹了它的重點，也約略教給你們要如何去實修的辦法。你們要明白一件事，在我們這個傳承中，學習「吠檀多」是要學習實修的法門，而不是像別的地方只把它當作一套哲學理論來教導。不只如此，我們在教《奧義書》、《薄伽梵歌》（*Bhagavad Gītā*）、《瑜伽經》的時候，一定要指出如何把它們運用在靜坐冥想上。這是我們傳承其中一個獨特之處。我從不把《瑜伽經》當作死的理論知識來教學生，我一定會指出該如何實修。

關於篇名

現在我們開始講《瑜伽經》第三篇。

通常一般人想到《瑜伽經》第三篇「必普提篇」（Vibhūti Pāda），會以爲只是在講「悉地」。但是本篇的篇名卻不叫「悉地篇」，而是稱爲「必普提篇」。這兩個名詞之間有何不同？是我們需要了解的。

《薄伽梵歌》第十章的結尾時提到：「本章命名爲Vibhūti Yoga（必普提瑜伽）。」這是《薄伽梵歌》一貫的體例，在每一章結束時，用一個章名來縱貫全章的意旨，但是這敘述往往被一般人所忽略。第十章結束的總結敘述是：「本篇是在述說神主奎師那（Kṛṣhṇa）的必普提（vi-bhūti）。」什麼是「必普提」？是那個「有」所化顯的種種異相，或者說是「vi-śhiṣhṭa bhūti」（特異有），是一種非常殊勝、具體不同的「有」，遍布一切。所以，既可以是種種不同的異相，也可以是某種殊勝的相。要進一步了解這一點，我建議你閱讀我的那本名爲《神》（*God*）的書。

回到《瑜伽經》第三篇的篇名「必普提篇」。此處的「必普提」也是說，你的「本來」所展現的種種異相、種種特殊的相貌。「悉地」這個字在整部《瑜伽經》中總共使用了四次，而在本篇中只出現了一次，其餘有兩次是出現在第二篇，有一次是在第四篇。

讓我問你們一個陷阱問題：悉地是否可得？根據《瑜伽經》，你應該如何回答這個問題？《瑜伽經》的立場是，悉地都不可得。得，必須是你原本沒有的，才有所謂得。你本來就有一切悉地，現在都還有，但是你自己把它們給堵住了。就像你有許多寶貝，你把它們鎖了起來，後來你打開鎖，見到了寶貝，請問你能說是自己得到了寶貝嗎？《瑜伽經》第四篇第3經形容「悉地」，就如同農夫將水閘門打開，引水灌溉農田，他不用出力，只需要把堵住水流的閘門打開，水就會自然下流。所以嚴格來講，悉地不是得來的，只要把原本的堵塞打通即可顯現出來。如此而已。所以，「悉地」就是「必普提」，是顯化出來的，因爲它們都是你本有的，是你本來的種種異相，只不過是被鎖住了。

那麼我們是否應該祈求悉地顯現？根據《瑜伽經》答案是什麼？在《瑜伽經》中，悉地分兩種，有些對三摩地有幫助，所以是可取的，例如在第二篇中所列舉的。有些會妨礙你進入三摩地，例如第三篇中所列舉的，所以是不可取的。

在第二篇列出了因爲夜摩、尼夜摩的工夫到家，而自然發生的一些悉地，像是：

- 第35經說：「非暴落實，其傍無敵。」能確實貫徹實行非暴理念的人，周圍任何眾生都不會與他爲敵。這樣的悉地是可取的，還是不可取的？當然是非常可取的，是我們應該追求的。

但是，你不能是因爲想要求這樣的悉地才去實踐非暴。

- 第36經說：「實語落實，其爲言行果報所依。」能貫徹實語理念的人，他說什麼都會兌現。這樣的人爲他人祝福，他所給的祝福就會實現。

- 第38經說：「梵行落實，得能耐。」能貫徹梵行的人，他就有「能耐」（vīrya）。很多人把「vīrya」 這個字翻成男性的生殖精力，眞是天曉得！那女性落實梵行怎麼辦？這個字的密意是：有傳法的能力。我多次強調，很多字在日常用語中所具有的意義，是不能夠拿來解讀經典的用語。不懂經典用語內在的意義，用日常用語的意義來理解，就會失去經典的本意，希望你們不要犯這個錯誤。

我建議你們組織讀書會來專門研討《瑜伽經》第二篇所介紹的種種悉地，一定會有很大的收穫。

瑜伽的八肢法

內三肢：專注、禪那、三摩地

《瑜伽經》第三篇是在延續講述第二篇的「八肢瑜伽」。

八肢瑜伽分為外肢和內肢兩大部分。基本上，牽涉到心的，屬於內肢。修練過程中牽涉到身體、感官，牽涉到「氣」（prāṇa），或者牽涉到身外世界的活動，例如「非暴」，都屬於外肢，因為它們相對於心而言，是屬於外的，所以歸類為外肢，一共有五項。而在心內的修練過程，則歸類為內肢，一共有三項。

外五肢中的第五項是「內攝」（pratyāhāra），它其實是連繫外肢和內肢之間的橋樑，介於兩者之間。很多書中對於什麼是「內攝」都語焉不詳，你們該回頭重讀以前的講解說明，你們當瑜伽老師的，要能簡單地用自己的語言為人解釋它是什麼。

內肢一共有三項：專注（dhāraṇā）、禪那（dhyāna）、三摩地（samādhi），分別是八肢瑜伽中的第六、第七、第八肢。

瑜伽的八肢法・內三肢

第1～3經

III.1 deśha-bandhaśh chittasya dhāraṇā

心地之繫於一處，是專注。

經文拆解註釋

deśha-：所在，處所，器官，肢體

bandhaḥ：繫屬，連結，固定

chittasya：心地（的）

dhāraṇā：專注，繫念，將心維持在一個固定對象上

全段白話解讀

繫心一處，

讓心地固定於某一個特定的所在，

是八肢瑜伽中所謂的「專注」（心地之留置）。

在講第二篇的時候，我曾經要求大家對於與「調息」（prāṇāyāma）有關的幾句經文做些研究，尤其是第二篇第53經和第一篇第34經，它們都與現在這一句經有關係。在第一篇第34經出現了「dhāraṇa」這個關鍵字，那是保持、維繫的意思。而dhāraṇā（請注意長短音區別，讀的時候重音不要落在第二節）則是出現在第二篇第53經（以及現在這句經），是強調保持、維繫的那個過程。

整個瑜伽的修行都是基於一個所謂「勘受」（adhikāra）的原則。整個瑜伽的教學、啓引，都要基於資質，看你的程度是否合格、是否夠資格接受新的東西，是否已經具備做下一步修練的條件。你要到什麼地步才夠資質修練「專注」？第二篇第53經說，當你的調息工夫到了家，能夠住氣了，才有資格去練專注。

第二篇第51經舉出四種調息，分別是：一、呼氣（rechaka）；二、吸氣（pūraka）；三、伴隨住氣（sahita-kumbhaka），是在你呼氣或吸氣之後的住氣；四、自發住氣（sahaja-kumbhaka），或者稱爲「獨發住氣」（kevala-kumbhaka）。第四種是「禪那瑜伽」（dhyāna-yoga）的住氣法，不是「哈達瑜伽」（hatha-yoga）的住氣法。它要你覺知呼吸，將覺知力變得非常細微，以致呼吸也變得非常細微而深長，覺知又隨之變得更細微，到了呼吸融於「空大」元素，似乎完全停頓下來，然後「自發住氣」自然發生，沒有了呼氣、吸氣，這時你完全不用靠作意去停止呼吸（譯按，請讀者留意斯瓦米韋達所形容的這個自然做到住氣的方法，細細體會）。

跟著第52經說，如此住氣的成果是：

tataḥ kṣhīyate prakāśhāvaraṇam

於是，消除光明遮蓋。

蓋住光明的紗幔脫落。接著第53經說：

dhāraṇāsu cha yogyatā manasaḥ

且心堪專注。

到這個地步，你的心才夠資格去修練專注。

這些就是我們現在要講的這句經的前提。這也是第一篇第34經所提到的修練法。它們都是相關的經句，所以我要求大家把它們合起來研究。

有些人沒有先掌握好調息的工夫，還沒把心給準備好，就想直接去練專注，例如在牆上畫一個點，然後長時間去凝視那個點，乃至於去凝視光源，這就不屬於禪那瑜伽之道，而且要小心會傷到眼睛。

有人問，真正的瑜伽大師可以住氣多久？真正的大師想要住氣多久都可以。例如有的大師行將捨棄肉身之際，愛徒已經接到消息，正從外地趕回來見他最後一面，可是要明早才能趕到，大師就可以忍死，等到徒弟回來才走。假如他還剩下三口氣，他就會用住氣來延續生命。這是有可能做到的，不是神話。

又有人問，做到了自發住氣的階段，是否就到了三摩地？我只能這麼說，有的人必須要走過某些步驟，有的人直接就可以進入三摩地。這要看你是什麼資質，也就是要看你自心能淨化到什麼程度。例如你的瞋心不停，老是會發怒，卻想要得三摩地，那是不可能的。你老是記住別人是如何傷了你，也得不到三摩地。

再有人問，在三摩地狀態中的人還有呼吸嗎？你不妨先做到三摩地，自己得出答案來。但是我可以告訴你，「氣」（prāṇa）和呼吸是兩回事。呼吸停止了，不代表「氣」也斷了。有一本名爲《瓦斯西塔瑜伽》（*Yoga Vasiṣhṭha*）的經典，裡面對於「氣」究竟是什麼就有所說明。在我寫的《瑜伽經釋論》（下面簡稱《釋論》）第一輯和第二輯中，有幾個長篇的附論也談到這個題目，你們有心要學的話，不妨去找來讀。要修行到更精微的地步，是與「氣」有關，與呼吸無關。

下面我們開始講經文。我也只能簡略地講，否則就無法在這次課程的時間內講完。可是經文之間又有許多地方相互牽連，我們必須了解它們的關聯。總之，不要認爲自己聽過這次的課程就懂了《瑜伽經》，你在課後還要下工夫。研究一輩子都不夠，這是好幾輩子的功課。

威亞薩在注釋這一句經時說，外五肢的修練已經在第二篇中交代了，現在要解釋什麼是「專注」。接著他舉了五個例子，告訴我們可以將心專注於什麼地方。有的是在身內的，像是臍輪中心、心窩內蓮花、頭顱內的光明、鼻端前、舌尖。有的是某個身外的對象。他最後說，要置心一處，就要運用「心地的」（chittasya）「心念」（vṛtti）爲之，這就是本句經中所謂的「專注」。除了威亞薩所舉的幾個例子，身體中還有很多點都可以是心念繫屬所在，請參閱我寫的《釋論》第二輯。

威亞薩說的身外的對象，可以是觀想自己面前有朵蓮花，基督徒可以觀想基督，佛教徒可以觀想某一位佛祖在面前等，這有許多、許多種方法。但是，無論是內在或外在的處所，都不是要我們用肉眼或其他感官去看去覺知，而是要用「心念」去看、去覺知。

他提到的「鼻端」（nāsikāgra，譯按，在喜馬拉雅瑜伽稱爲nāsāgra），在我們這個口授的傳承中，指的是鼻樑下左右鼻孔之間的人中頂點，而不是哈達瑜伽傳承所要凝視的鼻頭。專注在此處，是要能夠觀到「中脈」（suṣhumnā）呼吸在這一點進出。

所謂的「身」，不只是肉身（粗身），也包括了細微身。我們細微身的頂點在頭頂上方十二指節處，從頭頂延伸出去，就像是火苗。有些佛陀的塑像或圖像，在頭頂就有一苗火焰，猶太教徒的頭頂要戴蓋帽也是這個道理。在口授的瑜伽傳承中，當弟子精通了低階的專注處所之後，接下來會教他如何循著「脈」（nāḍīs）到頭中千瓣蓮花的頂輪（sahasrāra）中心。然後師父會引領弟子穿越囟門到頭頂上的火苗頂點，那就是所謂的「十二之末端」（dvādaśhānta），繫念於那個火苗的頂點。那是非常高深的專注法門，必須要經過明師親授。

本句經所謂的「專注」，是要能維持一定的長度。所以，只有剎那間的專一就不算是這裡所謂的「專注」。那麼你在某個特定的處所要維持專注多久才算成功？答案是：十二次呼吸。如果在十二次呼吸中，你可以維持專注於一個所在或是某一個對象，那就進入了下一肢：「禪那」（dhyāna）。

III.2 tatra pratyayaika-tānatā dhyānam

單一知覺持續於彼處，是爲禪那。

經文拆解註釋

tatra：彼處，在那個所在

pratyaya-：知覺，認知

eka-tānatā：單一連續，綿密之流

dhyānam：禪那，冥想

全段白話解讀

心地如前一經所說固定於一個所在，
當對於所專注對象的知覺，
成爲一股單一的連續之流，
就是八肢瑜伽中所謂的禪那。

威亞薩說，「禪那就是知覺（認知）心念持續於同一個所依緣（ālambana），持續於同一個所專注的對象。單一之流的意思是平順勻稱地流動，不受任何其他知覺心念干擾。」我們在前面學過「所依緣」這個字。「所依緣」就是所專注的對象，任何所依靠、所依持、所掛住、所把持的對象都算是。例如，你靠牆而坐，牆就是你所依緣的對象。你握住一條繩子，它也是你所依緣的東西。當你的知覺（認知）心念，能夠持續於某個對象，成爲一股平順且無間斷的流體，不受任何其他知覺（認知）心念（雜念）所干擾，那就是禪那。

這是《瑜伽經》對禪那的定義。在其他的經典或是哲學派別，對禪那也有相同的定義，你們能舉出來嗎？在《奧義書》這一類別裡，商羯羅大師註釋《薄伽梵歌》時寫道：「平順的同一個認知之流，不被任何其他認知、其他心波所打斷。」所以，瑜伽和吠檀多對於禪那的定義是一致的。

如此禪那要維持多久才能進入三摩地？答案是十二乘以十二，也就是一百四十四次呼吸。

譯按，斯瓦米韋達在《釋論》中寫道：

本句經的文字表明了「專注」和「禪那」的因果關係。「禪那」是因爲「專注」而有，也就是修行者重複地串習

（abhyāsa）做專注的習練（kriyā）：

- 專注於某種對象（例如心中蓮花），
- 心地固定於其所習練之專注法門該留置之處，
- 於彼處需要避免生起不同（不勻）的心念。

能將如此的知覺（pratyaya），也就是如此的心念（vṛtti），成爲一股勻稱的連續流體（eka-tānatā），就是「禪那」。這股單一勻稱的心念之流，知覺「所依緣」之對象，有如一股傾注中的油，是指：

- 相似的心念
- 重複地
- 連續地生起，
- 不參雜任何其他的心念。

（譯按，斯瓦米哈瑞哈若難達〔Swami Hariharānanda Āranya〕在他所寫的《瑜伽經釋論》〔*Yoga Philosophy of Patanjali*〕中，將「專注」的知覺心念比喻爲相似、斷續滴下的水滴，而「禪那」知覺心念則像是一束連續流注而下的油或蜜。這是瑜伽對禪那的定義，與所專注的是什麼對象無關。）

「禪那」由於所專注的對象不同，可以分爲有相、無相。或者也可以分為粗、細。又或者分為內、外。根據口授傳承的教導，粗、外是專注於一己之外的對象。細、內則是專注於一己內在的功能和能量。

來自不同宗派背景的人，在解讀《瑜伽經》時就會試著將「禪那」變成合乎他們理論模式的修行方式。例如，來自奉愛（bhakti）傳承的人，在解讀時會主張「禪那」的對象應該是有相、有質的，是某一位他們信奉神明所顯現的具體形象。來自吠檀多傳承的人，則主張應該專注於無相、無質，隱而未顯的「梵」。

《瑜伽經》無法解決這個歧異，因為經中沒有任何關於有相、無相的文字。既然《瑜伽經》對此無所著墨，純粹的瑜伽傳承多會偏向於無相。對神像、對光、對一個點的專注都是屬於有相的。能專注於「梵」的瑜伽王者，是要：

- 先奉隨三個「存有」（bhāva）的境地：實、覺、樂（sat-chit-ānanda），
- 因而將自己的「內具」（antar-karāṇa，心的四重功能：意念、布提、我執、識庫）與對「梵」的專注相串合，
- 然後，這「內具」，因為奉持三個「存有」，能與「梵專注」（brahma-dhāraṇa）串合，就能禪思「梵」的實質。

典籍有言，當自己起了「願我如梵」（brahmamayo'ham）之情懷，「知梵者」會稱之爲「無相禪那」（nir-guṇa dhyāna）。

III.3 tad evārtha-mātra-nirbhāsaṁ sva-rūpa-śhūnyam iva samādhiḥ

彼唯所對境顯現，自身若空，是爲三摩地。

經文拆解註釋

tad：彼，那個

eva：即使，即是，正是

artha-mātra-：唯所對境，唯對象，只有對象

nir-bhāsam：（得）光照，顯現

sva-rūpa-：自相，自存在

śhūnyam：空無，空卻

iva：似乎，如同

samādhiḥ：三摩地

全段白話解讀

在前面第二經所說的禪那中，

當心地只顯現出（光照）

禪那所專注的單一對象（所對之境），

禪那似乎不再是一種感受時，

則那同一個禪那正是八肢瑜伽中所謂的三摩地。

經文中「artha」這個字的意思，就是「意義」。「意義」是什麼意思？它就是字語所代表、所指稱的那個「對象」。例如，「書」這個字的意義是什麼？我手中拿著的這本書，就是書的意義。字典裡面的定義不是書的意義。字語所指稱的對象，才是字語的意義。如果有人問「水」這個字是什麼意義，你給他一杯水喝，他才會知道水的意義，才明白水是什麼。

mātra是「只有、唯有」。artha-mātra是「只有那個意義，只有那個對象，只有那個所對的境」。nir-bhāsam是「照亮、發光」，就是「出現、顯示」的意思。sva-rūpa-śhūnyam iva是當「心似乎失去了一己的存在」，當心是如此深深融入「所專注的對象」；那個對象（artha），就是前面說的「所依緣」（ālambana）。以致心「似乎」（iva）不覺知到自己。這裡說是「似乎」失去自己，並非眞正失去自己。這個境地，就叫做三摩地。

那個「所專注的對象」，可以是自己的咒語，或是呼吸所產生的能量，也可以是一個三角形，或者是一個點。不是外在的三角形或點，是內在的。不論是什麼對象，只要你能深深專注，到了只剩下對那個對象的覺知，連「我現在正專注於這個對象」的念頭都空掉了，就是由「禪那」變成了「三摩地」。

在到了這個三摩地的階段之前，專注仍然是種「三合」的作用，共有三個部分：

- 有一個我在專注，
- 有一個所專注的對象，
- 有一個在專注的過程。

我們在講第一篇第41、42、43經的時候，提過這個三合的概念，請大家回頭去讀。要把那個概念和目前這句經合起來研讀。這句經說，那「三合」到了似乎只剩下所專注的對象這一個部分，心完全融入所專注的對象，就成了三摩地（也就是第一篇所說的「三摩鉢地」）。不過這是屬於初階的三摩地，叫做「有智三摩地」（samprajñāta samādhi），因爲還有個所專注的對象的緣故。到了連對象都消失了，才是高階的「非智三摩地」（a-samprajñāta samādhi）。我希望大家能組織讀書會，一起討論學習這些題目，把觀念釐清。

譯按，斯瓦米韋達在《釋論》中寫道：

嚴格說來，「三摩地」（samādhi）這個字所表達的是：心地專注在對象上，到了極爲穩定、靜止的狀態。「三摩地」是因爲由於控制以及熄滅（nirodha）雜妄的心念（vṛtti），心地能夠「正確而完全的均質化」（sam-ā-dhāna）才有。所以「三摩地」基本的意義是：「心地定於」（chitta-sthairya）禪那所專注的對象。這算是最初步的「定」。

《瑜伽經》似乎沒有明顯地將「三摩地」和「禪那」定義爲完全不同的兩回事。這一句經說三摩地「正是那」（tad eva）前面所說的「禪那」，不過還有一些特別的條件而已（譯按，也許這正是爲什麼中文常將「禪那」和「三摩地」合稱爲「禪定」）。雖然如此，一般仍是將「三摩地」定義爲：融入「禪那」所專注的對象。但是，在「禪那」還有一個「所在處所」（deśha，見本篇第1經），而「三摩地」則沒有。

總結「專注」、「禪那」、「三摩地」這三肢的區別：

- 專注是心念還沒完全均質化，仍然間歇被雜念打斷的狀態。
- 禪那是沒有打斷的狀態，但仍然伴隨著「三合」的知覺：有在做禪那之人、有禪那專注的對象、有在做禪那的行爲。
- 初階的三摩地是不再有分別的「三合」，剩下的唯有禪那所專注的對象，能長時間維持這樣的境地狀態，就成了「有智瑜伽」，是第二階段。到了連專注的對象也完全泯滅了，那就是「非智瑜伽」，是第三階段，也是最高階段。

三耶昧・定義

第4～8經

III.4 trayam ekatra saṁyamaḥ

三者合一爲三耶昧。

經文拆解註釋

trayam：三

ekatra：集合，成爲一

saṁyamaḥ：三耶昧

全段白話解讀

專注、禪那、三摩地這三肢，

合而爲一稱爲「三耶昧」。

（譯按，saṁyama的讀音近似今日漢語「三亞麻」而不是讀成「三米亞麻」。文字本身有集束、合起來的意思。斯瓦米韋達在講課時以及在所寫的《釋論》中，都直接引用梵文saṁyama，而不翻譯爲英文。譯者在本書中譯音爲「三耶昧」，是因爲這個字和佛學中的「三昧」有耐人尋味的關係，是一個有趣的題目。至於佛學中的「三昧耶」，則似乎是密法samāyā的譯音，又是另一個題目。）

把專注、禪那、三摩地，放在一起（ekatra，合起來），三個肢法都用在於單一個對象上，就是「三耶昧」。「saṁyama」這個字很難直翻成別的文字，威亞薩說這是一個「術語」（tāntrikī pari-bhākṣhā）。不同的人會用不同的字眼去翻譯，我也不記得自己以前是怎麼翻譯的。當專注、禪那、三摩地一氣呵成，沒有先後次序，沒有轉接的過程，就不需要十二秒，更不需要十二次呼吸，乃至一百四十四次呼吸。你不會覺得自己現在是順著次序在專注，然後是禪那，最後到了三摩地。不是的，完全沒有這些分別的步驟，三個步驟合爲一個步驟，就叫做「三耶昧」。

三耶昧要怎麼修練，它的效驗是什麼？本篇接下來的經句會進一步說明。我們在此引用一段斯瓦米拉瑪的文字做爲補充：

> 當瑜伽士能讓呼吸的活動暫停10分48秒，他的感官就能靜止（內攝）。當他的呼吸能停止21分36秒，就成就了「專注」。而呼吸能停止43分12秒就成就了「禪那」。當呼吸停止了1小時26分24秒，就成就了「三摩地」。這最後的三個境地，專注、禪定、三摩地，能合而為一，就叫做「三耶昧」。
>
> ——引自斯瓦米拉瑪《擇道而行》（*Choosing a Path*），第170頁。

數論瑜伽大師斯瓦米哈瑞哈若難達在他的《瑜伽經釋論》中提出一個問題：既然「三摩地」已經含攝了「專注」和「禪那」，所以「三摩地」也就是「三耶昧」，何必需要再列出「專注」和「禪那」的肢法呢？他自己回答：所謂「三耶昧」是要不斷地重複習練「專注」、「禪那」、「三摩地」三門工夫，直到能把它們整合成一門工夫爲止。所以，「三耶昧」的意涵不只限於「三摩地」。

III.5 taj-jayāt prajñālokaḥ

調伏彼則見慧。

經文拆解註釋

tat-：彼，那個

jayāt：（由於）調伏、克服、精通

pra-jñā-：完整智慧、直覺智慧

ā-lokaḥ：光明、照見

全段白話解讀

由於調伏、精通了那個三耶昧的緣故，

得以照見完整的直覺智慧。

jayāt是「由於調伏、由於精通」。tat是「那個」。「那個」指的是前一句經所謂的「三耶昧」。因此，ā-loka（光明、照亮）pra-jñā（完整、全面的智慧）。所以這句經是說：由於精通了三耶昧，大智慧現前。

此處看到「pra-jñā」這個字，要聯想到「有智三摩地」（samprajñāta samādhi）一詞中的「pra-jñā」。字首的「sam-」，表示所有的分支合在一起、正確、和諧。第二個字「pra-」，有兩個層次的意思，一個是過程的意思，另一個是完整、完美、充實，所以這個字是表示逐漸地進入完美，逐漸進入完美的知識智慧，那是對所專注對象完全了知的完美智慧、大智慧。例如，你專注於某個三角形，精通了它的三耶昧，你對其他所有關於三角形的道理都會明白。你會知道如何用到三角形，它適合於什麼，它對宇宙天地的成形有何助益，它對我們能量之流的成形有何助益。一切來自三角形、一切用到三角形的道理，你都會瞭然於胸。

本句經是說，你經由專注於某個對象，能得到與那個對象有關的完美知識智慧，但只限於有關那個對象的智慧，還不是得到「一切」的知識智慧。所專注的對象可以是咒語、能量流、空間等。例如，你完全精通了某個咒語，那個咒語中神明的智慧和力量都會成爲你的智慧和力量。究竟做爲專注的對象可以有多少種？在我那本《釋論》的第一輯有好幾處討論這個題目（譯按，《瑜伽經白話講解・三摩地篇》也有摘要說明）。依數論哲學的分類，從「原物」（prakṛti）最粗的五個

「大種」（bhūta）——地、水、火、風、空開始，一類類往上專注、消融，越來越細微。其後（但不是最後）到了「原物」。

但是，專注於「原物」是有危險的，你有可能成爲一位「消融於原物之瑜伽士」（prakṛti-laya-yogi），把那個「原物」認作是自己，以爲自己已經到頂端了，但其實你是停留在「原物」階段，就不再進步。到這種境地的修行人，由於他們能掌控「原物」，甚至可以創造出自己的宇宙世界，成爲那個宇宙的神主。但那還不是終局解脫，不是涅槃。饒經千萬劫，還是要重入輪迴（見第一篇第19經）。

有人問，專注的工夫是否一定要從最低、最粗的類別開始，難道不能直接從最高、最細微的類別開始嗎？這要視乎你的根性，而每個人的根性不同。以前有學生跟著斯瓦米拉瑪靜坐多年，什麼聲音、光、影像的經驗都沒有。斯瓦米拉瑪對他們說不用懷疑，他們適合直接走「無相」（nir-guṇa）的路線。我們大多數人都還在地下好幾層，要走到頂樓就需要慢慢從「有相」（sa-guṇa）一階階往上。當然，如果你有本事做到像電影《星際大戰》裡的人物，對著無線對講機說一聲：「史考特，用光束讓我沖上去！」（Beam me up, Scott!）就好了（眾笑）。我們在地下室的人，要學會幫自己建電梯，這樣上上下下多方便！

講到上上下下，有個古老的故事我講了幾十年，很多人都聽過。但是因爲很有啓發性，就再講一次。德國詩人歌德曾經借用了這個故事的其中一段情節，寫了一個名爲〈魔法小徒〉（Der Zauberlehrling）的詩篇，講一名魔法師的徒弟偷懶，用魔法打水，結果控制不了局面，洪水氾濫成災，最後要靠師父出馬解決（譯按，詩篇其後被譜寫爲一首名爲〈魔法師的學徒〉〔The Sorcerer's Apprentice〕樂曲，美國迪士尼公司將音樂製作成動畫電影）。

原版的故事是，從前有個徒弟跟在師父身邊，徒弟服侍、服侍、服侍師父很多年，從沒學到任何神通。徒弟多番向師父求情，師父終於肯傳給他一個咒語。學會這個咒語後，只要一唸就會出現一個巨人，完全聽命於你。徒弟知道能有個巨人當作自己的僕人，大喜望外。可是師父警告他不要立即使用這個咒語，因爲他還需要學會怎麼控制巨人，才能安全使用。徒弟當然立即應承，自己絕不會不經師父允許而貿然使用。

一等師父回房休息，徒弟就迫不及待想試試咒語究竟靈不靈。誰知一試之下果然出現了一個巨人，向徒弟鞠躬，問：「主人，您有何吩咐？」徒弟就把自己的工作都交給巨人去做。任何事，不論是洗衣、劈柴、生火、煮飯、洗碗、打掃，巨人在彈指之間都做好了。徒弟看看天色已晚，到了就寢時間，就吩咐巨人可以下去休息。巨人說：「休息？主人，您的師父沒有警告過您，我必須不停地有事做嗎？一旦沒事做，我就會發慌而肚餓子，然後把主人吃掉。」

徒弟：「可是我現在沒有別的事可以給你做。」

巨人：「我開始覺得肚子餓了。」

徒弟聞言大驚，拔腿奔向師父的住處高聲呼救。巨人也緊隨在後。師父一聽就知道發生了什麼事，責罵徒弟不聽話。徒弟表示知錯，保證以後絕不敢再犯。師父就教他解咒語的方法。徒弟聽了之後，轉身走向巨人發號施令，首先要巨人去森林中找一棵又高又直的大樹，把樹的所有枝幹劈掉，砍下樹幹帶回來。不消片刻，巨人就扛著一根樹幹回來。

接著，徒弟要巨人在地面挖個坑，把樹幹立在坑中，確認根基穩固不會傾倒之後，在樹幹頂端繫上一根粗繩垂下。「巨人，你就拉著繩子，順著樹幹上上下下，直到我另有吩咐爲止。」如此才把危機解除了。

故事中的巨人象徵我們的心，心如果沒事幹，就會吞沒我們。樹幹象徵我們的脊柱，繩子象徵我們的呼吸。所以，沒事時要安頓自心，一個辦法就是脊柱要穩固直立，心藉著呼吸順著脊柱上上下下，直到我們另外有事給心去做爲止。

本句經中，「ā-loka」這個字原本是光明、照亮的意思。它的字根是√lok，英文字「look」（看）就是從這個字根而來。你若要看見，必須要借助什麼？一定要有光才能看見。所以我們用來看的媒介，就是ā-loka（光）。瑜伽士在「有智三摩地」中是在看什麼？是在那個光中（譯按，這個光自然不是外界的光），借助那個光去看，所看的是他在禪那中所專注的對象。他看見的是對象的全貌，完全、完整的面貌。以前面舉的三角形為例，如果他所專注的對象是某個脈輪中的三角形，那麼一切和三角形有關的，他就都能瞭然於胸。這種完全了悟，就是「照見」（ā-loka，譯按，佛教《心經》：「觀自在菩薩行深般若波羅蜜多時，『照見』五蘊皆空。」「照見」的梵文也正是ā-loka。玄奘大師翻為「照見」，眞是一字不苟，完整反映出原文的義理）。

威亞薩為我們解釋這句經時說：「由於精通了前述的三耶昧，隨之就能照見三摩地慧。隨著三耶昧的狀態逐漸變得穩固，因而三摩地智慧就益加精純。」原本太細微、太遙遠、被隔開了，以致不能看清，或是超越我們知識範圍的對象，此時都變得清晰無比。這就是反覆習練三耶昧，到了精通地步的效驗。就是《瑜伽經》第一篇第12經中所說的「串習」（abhyāsa），要重複地習練。

譯按，斯瓦米韋達的《釋論》說：

本經是告訴我們，由串習而精通三耶昧所能得到的果，是八肢瑜伽中內三肢的效驗。而由此所照見的知識智慧，是在有智三摩地中所悟到的智慧，主要是指第一篇講述的「三摩鉢地」對諸「諦」的知識智慧，而不是例如本篇第26經所描述的那種「了知宇宙」的悉地。前者是達到「獨存」(kaivalya，又譯獨寂或獨耀) 的必要條件，後者則反而妨礙「獨存」，而且不能夠被稱爲「慧」(prajñā)。本篇其後會說明爲何悉地會成爲修行的障礙。

III.6 tasya bhūmiṣhu vi-ni-yogaḥ

彼應用於諸地。

經文拆解註釋

tasya：彼、那個（之）

bhūmiṣhu：（於）地

vi-ni-yogaḥ：應用、實踐、適用

全段白話解讀

那個三耶昧（專注、禪那、三摩地的工夫）要應用於每一個地。

印度各個哲學門派偶爾會彼此借用別家的術語用字。「vi-ni-yoga」（應用）這個字就源自於彌曼沙（Mīmāṁsā）學派，原意是將某個咒語「應用」於特定的儀式中，其後也表示「應用」於持咒（japa）修行。在本經中，這個字是指要將三耶昧「應用」於所有的修行境地。

bhūmi是「地」（譯按，「地」有土地、地步、程度、境地、層次、狀態的意思）。威亞薩在解釋《瑜伽經》第一篇第1經時就說，我們心的狀態可以分爲五種「地」：散亂心（kṣhipta）、昏沉心（mūḍha）、不定心（vi-kṣhipta）、一心（ekāgra）、滅心（niruddha）。前兩種狀態是現代心理學所研究的對象，就是你我一般人的心念狀態。我們以爲自己醒著的時候不是在昏沉中，但其實我們根本不知道什麼是清醒，只有瑜伽士才眞的明白什麼是清醒。我們連自己眼睛在看什麼都不知道，這就是昏沉。

「不定心」是在專注時遭到分心，例如在靜坐狀態中分了心。「分心」就是心受到「干擾」（vi-kṣepa），干擾是什麼？我們是如何被分心的？《瑜伽經》第一篇第30經列出修行有九種主要的干擾：疾病、延宕、猶豫、大意、怠惰、沉迷、邪見、不堅、退轉，它們是修行上的障礙。第31經接著列出了會伴隨著九種干擾障礙而來的五種現象：苦、挫折、身不定、不帶覺知的呼與吸。「一心」是心念集中的狀態，此時九種干擾以及它們的伴隨現象都沒有了。「滅心」是心念完全受控，所以才能夠進入三摩地。這是《瑜伽經》中談到的五種「地」。

其次，《瑜伽經》第二篇第27經則提到有四種地。而在經過這四地之後，還有跟著而來的三種地，所以一共提到七種地。這是「智慧」（prajñā），也就是「有智狀態」（samprajñāta）的七重境地。在經文中同時出現了bhūmi（地）和prajñā（慧）這二個字。

第三篇第5經提到prajñā（慧），此處第6經提到bhūmi（地），所以第三篇第5、6經，是要和第二篇第27經連結起來理解的。

我們來看威亞薩對這句經的解釋：「只有當前一地的三耶昧已經精通了，才可以進行下一地的三耶昧。如果在較低階位之地尚未精通之前，想跳過中間階位，直接進入最高階位之地的三耶昧，是不可能的。若沒有克服最高地，如何能照見全面的智慧？」此處威亞薩所指的最高地智慧，是第二篇第27經以及第三篇第5經所說的智慧。但是他所謂的智慧，縱然是「最高」、「全面」的智慧，是對所專注對象的知識智慧，仍然是屬於「有智三摩地」境地的智慧，並不是「超脫智慧」。「超脫智慧」是對於本我、自性的智慧，屬於「非智三摩地」境地。

《瑜伽經》還有一處提到「地」。威亞薩在解說第三篇第51經時，提出另一套分類法，將瑜伽士分爲四個地：初始（prathama-kalpika）、蜜地（madhu-bhūmika）、光慧（prajñā-jyotis）、無修（ati-krānta-bhāvanīya）。其中第二地是蜜地，當瑜伽士修行到了這一個階段，感受到細微身的種種樂，那是一種非常甜美的境地。到那個地步，連天神都會來引誘他，請瑜伽士加入天界。天人會對他說：「在天界天女如雲，身體不會老壞，我們那裡有能讓你的一切願望得到實現的許願樹，有一切的美妙景色、美妙的音聲，來，來，來，加入我們。」此時瑜伽士應該即時警惕自己：「我多生累劫以來歷經生死輪迴，如今好不容易走上了瑜伽修行之途，才得了小小光明。若貪圖逸樂，享受欲望之風，只會吹熄這光明，我怎麼能再被這種虛幻景象所騙，再度受輪迴之火所煎熬？會追求那些夢幻享樂的是次等的生靈，我祝福你們，請離去。」能有如此決心的瑜伽士，能拒絕與天人為伍的瑜伽士，才能修習三摩地。因而能讓天人為你服務，而不是讓他們誤導你。你怎麼知道他們是在為你服務而不是在誤導你？你的內心自然會知道。注意，在拒絕引誘之餘，你也不應該感到自豪自傲。

至於第三地，光慧地，就是第二篇第27經所說的那七種境地。第四地，無修地，到此瑜伽士不再需要從事任何修練，因為他已經超越了修練的境界。以上是簡單介紹威亞薩對那四地的解說。

有同學問，我們怎麼知道自己已經精通了某一地，又怎麼知道自己下一個階段該要修練的是哪一地？這個問題當年一定也有學生問過，所以威亞薩在下一段話就提出了答案。古代的《釋論》，寫的都是大師在回答弟子的提問，然後編輯成冊。或許威亞薩知道幾千年以後會有一個人提這個問題，所以他先把答案寫出來。又或許我們這位同學前世是威亞薩的學生，當時就問過老師這個問題（眾笑）。

威亞薩說，「已經獲得神恩加持，精通了更高地的人，就不應該縱容自己修練較低階地的三耶昧，例如讀心術等。為什麼？因為他已經有了別的門徑，所以對他而言，這些修練的目的已經完成。」威亞薩所謂「別的門徑」是神恩加持。如果你是國王的朋友，國王所有的臣子自然會是你的朋友，都會聽你的。所以你既然得到神的加持，就不需要再去練低階的工夫。

接著就是他在回答這位同學的問題，我們怎麼知道自己的下一地是什麼？威亞薩說，「下一地自然會接著這一地，這件事只能靠瑜伽這位老師。」他的意思是，瑜伽就是上師。唯有在瑜伽的境地中，當你完成了某一階段，瑜伽自然會讓你知道下一階段是什麼。這如同你開車沿著蜿蜒的道路前進，在駛出彎道之後，自然會找到接下來的路。你心識的狀態自然會為你揭露下一個心識狀態。威亞薩接著引用了一段經典格言（譯按，斯瓦米韋達以梵文讀誦這段格言的錄音檔收錄在本經經文之後）：

yogena yogo jñātavyo　　用瑜伽學瑜伽。
yogo yogāt pra-vartate　　瑜伽生自瑜伽。
yo’pra-mattas tu yogena　　無疏於瑜伽者，
sa yoge ramate chiram　　能長樂於瑜伽。

這段乍讀之下像是謎語的話，如果你能仔細推敲，就會明白其中的義理。某種特質，以及具有這個特質的東西，兩者是無法分離的。因為有某種設定，才構成了它所設定的東西。因此，瑜伽士之所以是瑜伽士，是因爲有著瑜伽的境地，沒有別的原因。像我們有時候覺得不想練瑜伽，覺得自己坐不住了，不如下座去吃塊蛋糕。這些分心的干擾念頭，就是造成「疏失」（matta）。對瑜伽士而言，更嚴重的「疏失」，是想去追求種種的悉地。本篇第37經明白告誡我們，「悉地」是修行上的干擾。能「無疏失」（a-pra-matta）的人，才能「長久享受」（ramate chiram）瑜伽。我們不要把瑜伽修行當成是在幹活，要把它當成一件樂事，是在享受。在純粹的靜坐之途中，各種的「悉地」有時會不請自來，但是我們萬不可被它們所劫持，只能以它們來增強自己的信念，肯定自己是走對了路。既然有此認識，就必須在純粹的靜坐之途上繼續邁進。

譯按，斯瓦米韋達的《釋論》說：

在實修的過程中，從低階位進入高階位，可能要經過下列的步驟：

- 起初，在每一次靜坐時，可能需要先重複前一個階位的靜坐方法，做爲進入現在這個階位靜坐的準備工夫。
- 逐漸地，只需要用比較短的時間就可以重複做完準備工夫，即可進入此一階位的靜坐方法。

● 最後，可以完全略過低階位的工夫，直接進入此一階位的靜坐方法。

用這種漸進法，可以增強《瑜伽經》第一篇第21、22經所講的那種修行的「力度、勢頭」（saṁvega），因此會更精進，進步也會更快。這就是所謂：「用瑜伽學瑜伽。由瑜伽生瑜伽。」

此外，《瑜伽經》第一篇第14經則提到，要長時間、無間斷、虔誠遵照指示習練，工夫才可以到達「堅實地」（dṛḍha-bhūmi）。是經文中另一個提到「地」的地方。

III.7 trayam antar-aṅgaṁ pūrvebhyaḥ

三者於前者爲內肢。

經文拆解註釋

trayam：三者

antar-aṅgam：內肢，內在部分

pūrvebhyaḥ：（相對於）前者

全段白話解讀

專注、禪那、三摩地三者，

相對於前面的五肢而言，

形成了三內肢。

《瑜伽經》的作者在編排經文的時候，把八肢瑜伽中的前五肢放在第二篇，而後三肢則是放在第三篇。現在第7、8經是爲我們解釋爲何要如此劃分。

專注、禪那、三摩地是內三肢。所謂「內」、「外」，威亞薩說，是相對於前面的「夜摩、尼夜摩、體式、調息、內攝」外五肢而言，而且這是就「有智三摩地」而論。

前五肢的修練叫做「外肢」，因爲它們是在「外在」因素上做工夫，例如淨化、調適身心氣脈等，是在排除三摩地的障礙，是間接的工夫。「內在」三肢的修練則是直接助益於心地的穩固和靜止，以利進入「有智三摩地」。

III.8 tad api bahir-aṅgaṁ nir-bījasya

即彼亦無種子之外肢。

經文拆解註釋

tat：彼，那個

api：即使，也是

bahir-aṅgam：外肢，外在部分

nir-bījasya：無種子（之）

全段白話解讀

相對於無種子三摩地而言，

構成有智三摩地內肢的專注、禪那、三摩地，

也只能算是外肢。

「內」、「外」都是相對的。威亞薩說，前面所謂內三肢的三耶昧修練，是就有智三摩地而言的。但是相對於最高的無種子三摩地（nir-bīja-samādhi），原本的內肢就變成了外肢。為什麼？因為那專注、禪那、三摩地三者必須先進入止息狀態，也就是說，前面所有的三摩地境地，例如，「融入原物」（prakṛti-laya）等都先要停止了，才是無種子三摩地。

所以，假如有人問，專注、禪那、三摩地究竟算是外肢還是內肢，你該如何回答？答案是，它們既是內肢，也是外肢，看你是就哪種三摩地而言。對於有智三摩地，它們是內肢。對於無種子三摩地，它們是外肢，因為只有當它們通通被放下了，無種子三摩地才會來到。無種子三摩地就是「非智三摩地」。「無種子」是形容那個三摩地的特質，因為到了那個境地不會留下種子。其他的三摩地（有智三摩地）都仍然會留下種子（請參閱《瑜伽經》第一篇第18經、第51經的說明）。

有些人可能會覺得困惑。三摩地是八肢瑜伽其中的第八肢，是構成八肢瑜伽的其中一個部分，而三摩地也是三耶昧的一部分。本句經居然說，即使三耶昧也只是無種三摩地的外肢，這豈不是在說，構成三耶昧的三摩地，成了三摩地的一個肢？我們在講述《瑜伽經》一開頭就說：「瑜伽即三摩地。」那個三摩地又是哪個的一肢呢？

我們的回答是，所有這八肢（其中當然包括了構成三耶昧的三摩地），都是構成非智三摩地（無種子三摩地）的「肢」。而有智三摩地相對於非智三摩地而言，則是構成非智三摩地的「肢」。

譯按，斯瓦米韋達的《釋論》說：

此處所謂「內」、「外」的分別在於，對於結果有直接因果關係的是「內」，只有間接關係的則是「外」。因此，八肢瑜伽中的前五肢，是間接促成有智三摩地的手段，所以算是「外肢」；而三耶昧（專注、禪那、三摩地）則由「外肢」所帶來，是直接促成有智三摩地的手段，所以是「內肢」。到了非智三摩地（無種子三摩地），三耶昧變成了是間接促成的手段，所以就算是「外肢」；當三耶昧都停止了，繼之而來的是直接促成非智三摩地的「內肢」，那就是：

- **明辨慧**（viveka-khyāti），見第一篇第2、5經，第二篇第28經。它是能區分「布提」（buddhi）和「本我」（puruṣha）的智慧。「布提」分辨出自己和「本我」不同。當「心地」和「布提」專注於它們自己，也就是到了有智三摩地的第四階段，才生起明辨慧。
- **終極無執**（para-vairāgya），見第一篇第15、16經。這是最高的「無執」（vairāgya），是超脫的無執。超越「有執」

（raga）的終極解脫。

有智三摩地是屬於「帶種子」的，三耶昧中的專注、禪那、三摩地，都還有「所依緣」的對象存在，「心念」仍在作用，就會留下種子。當有智三摩地進到最終境地，三耶昧都止息了，也沒有「所依緣」的對象，就不再留下種子。所以就進入了最高境地的非智三摩地。

三耶昧・滅轉化

第9～12經

III.9 vyūtthāna-nirodha-saṁskārayor abhi-bhava-prādur-bhāvau nirodha-kṣhaṇa-chittānvayo nirodha-pariṇāmaḥ

起滅心印之抑與揚，心地俱剎那之滅，乃轉滅。

經文拆解註釋

vyūtthāna-：起，心外馳，接觸世事，離定，起離
ni-rodha-：滅，受控
saṁskārayoḥ：（二種）心印
abhi-bhava-：抑制，調伏
prādur-bhāvau：揚啓，顯示
nirodha-：滅，受控
kṣhaṇa-：剎那（之）
chitta-：心地
anvayaḥ：俱生，伴隨
nirodha-：滅，受控
pari-ṇāmaḥ：轉化，變易，改造

全段白話解讀

由於起離的心印受到抑制，
滅的心印得以顯揚，
心地因而有了剎那的滅，
那就是心地的轉化變易爲滅的境地。

第三篇到第8經爲止是在解釋什麼是專注、禪那、三摩地，以及什麼是三耶昧。從第16經開始，是在講習練三耶昧所引起的種種「悉地」。而中間第9經到第15經則是在講三耶昧所以會生出種種「悉地」的轉化變易過程，所以這七句經算是連結前後兩個主題之間的橋樑。這些經句比較難，因爲時間有限，我們只能簡要地說明。

這句經的第一個字就是「vyūtthāna」。我們在講第一篇和第二篇時都碰到這個字，你們還記得它是什麼意思嗎？它就是「起」，起身，離定。靜坐坐不住了，下座，就是「起」。你在外面走動和世界互動，也是「起」。即使你坐著不動，但是心沒有受控，動了別的念頭，也是「起」。「起」是個相對的概念。即使已經到了有智三摩地的境地，但是相對於非智三摩地，有智三摩地就只能算是「起」。又例如你剛開始學打坐，老師要你專注於臍輪，那就是你的靜坐方法。如果心念跑去臍輪以外的地方，就是「起」了。當你能掌握了專注於臍輪之後，老師改要你專注在眉心輪，如果你的注意力掉回去臍輪，就算你能穩穩定在臍輪，但是相對於你應該專注的所在，仍然是「起」。所以，只要你不能留在應該留住的較高境地，而滑落到較低的境地，就算是「起」，就是離定。我們的「心地」（chitta）是不停地在形成新的「心印」（saṁskāra），心「起」了，就會形成一個「起心印」。

同樣地，「滅」（ni-rodha），就會形成「滅心印」。此句經中第二個字「ni-rodha」，不是那個已經到達完美三摩地境地的終局的「滅」，而是形容克服、調伏的過程，是前往三摩地的過程，是到達終局的

「滅」所需要經過的過程、方法，才是本句經中所謂的「滅」。如此的「滅」就會在心地中留下「滅心印」。

「起心印」的「抑制」(abhi-bhava)，以及「滅心印」的「顯揚」(prādur-bhāva)，是說這兩者此起彼落，一者顯現，另一者就潛伏。這是什麼現象？你打坐時，忽然想起昨天忘了買某樣東西。旋即轉念，噢，不行，我現在應該專心靜坐！咒語、咒語、咒語。一下子心中又想起昨天看見的一名女子。噢，不行！要專心靜坐！咒語、咒語、咒語。就是這樣拉鋸，此起彼落。我們打坐修定，應該留下的是「滅心印」，「滅心印」可以抑制「起心印」。等你工夫進步到了某個階段，前一個「滅心印」消失了，下一個出現的還是「滅心印」，如此不斷地顯現「滅心印」，那就是經文中所謂心地的「轉滅」(nirodha-pariṇāma)，轉化變易成「滅」。這是「滅」的過程，從「滅」到「滅」，這種轉化變易形成了一股勢頭，能領我們至終局的「滅」。所謂「轉」(pariṇāma)就是變化、變易、轉化的過程。現在我們也能經驗到「轉滅」，但是所經驗到的「滅」不夠紮實，瞬間就被「起」所取代，就消失了。

經文中還有一個用字「kṣhaṇa」，已經學習過《瑜伽經》第一篇和第二篇的朋友應該記得這個字，那就是「剎那」(譯按，中文的「剎那」就是kṣhaṇa的譯音)。它的定義是：最細微的粒子之一次振盪，也就是在它自己的空間內來回一次所需要的時間。所以這是衡量時間的一個單位，就是現代原子鐘計時的原理，而《瑜伽經》作者帕坦迦利和威亞薩在幾千年前就提出了這個概念。

在「起心印」受到抑制，「滅心印」顯揚之際，心地會隨之有個剎那的滅境界。瑜伽士在精進修行時，每一剎那所顯現的都是「滅心印」，這個滅境界能夠連綿不絕，那麼剎那的滅境界就能夠常相伴隨心地，與心地俱存，那就是本經所謂的「轉滅」。

譯按，斯瓦米韋達的《釋論》說：

威亞薩在解釋這句經時寫道：當心地進入了「滅」的狀態時，它的三個質性（悅性、動性、惰性）仍然是在變動中。（譯按，根據數論哲學，三個質性只有在原物〔prakṛtti〕層次才是處於均衡狀態，從原物以下的種種衍生物，包括心在內，都具有三個質性，而它們永遠都處於變動狀態，所以物恆在轉化變動中。）那麼，在那個當下，心地是停止轉化了，還是仍然繼續在轉化？這句經就是在回答這個問題。

心印和心念不同，心地處於「滅」的狀態時，心念的活動固然停止了（無所知覺），但是以往心念所留下的心印受到質性的影響，並沒有停止變異。當「起」心印受到抑制，「滅」心印彰顯時（這就是轉化），在那個剎那，心地就具備「滅」的狀態。因此，這同一個心地（並非如某些佛教宗派主張心地是不連續的）在每一個剎那都經歷這樣的心印轉化，那就是心地的「轉滅」。能如此，心地就只剩下心印的殘餘，那就是「滅三摩地」（nirodha-samādhi），這已經在第一篇第18、51經（非智三摩地）解釋過了。

III.10 tasya praśhānta-vāhitā saṁskārāt

由心印故，彼之流寂靜。

經文拆解註釋

tasya-：彼（之），那個（的）

praśhānta-：完全寂靜、安定

vāhitā：流

saṁskārāt：（由）心印（而來）

全段白話解讀

由於滅心印，

那個心地之流完全寂靜。

當「滅心印」逐漸增多，它們成爲心地慣常的心印。如此一來，心地的流動就變得平靜，沒有波動。

威亞薩說，「『由那個滅心印』的意思是，心地要完全寂靜地流動，需要重複習練滅心印，到達熟練的地步。如果那個滅心印的力量不強，那麼滅心印就會被起心印所壓制。」

經文中所說的「完全寂靜之流」（praśhānta-vāhitā），不是我們說自己平心靜氣的那種平靜，而是心地之流平靜無波，沒有知覺，心念完全不起，長時間沒有「起心印」，是一股相續不斷的「滅心印」之流，最終進入到非智三摩地。這需要反覆習練，就是要做到第一篇第13經所說的「串習」（abhyāsa），請各位回頭溫習那句經（譯按，第一篇第13經說「串習」是在致力得止。讓心地的種種波動念頭滅止，成爲寂靜之流。）至於這是否到了「非智三摩地」境地，要視乎你是否仍然帶有「心念」（vṛtti），如果有的話，就只是在「有智三摩地」境地。

III.11 sarvārthataikāgratayoḥ kṣhayodayau chittasya samādhi-pariṇāmaḥ

遍做性、一心性之消與長，乃心地之轉三摩地。

經文拆解註釋

sarvārthatā-：做一切事，遍做性，分心

ekāgratayoḥ：一心性，心念專注於一

kṣhaya-：消，受制，降低

udayau：長，生起，增大

chittasya：心地（之）

samādhi-pariṇāmaḥ：轉三摩地，轉化變易爲三摩地

全段白話解讀

當心地的遍做性（分心）逐漸消沉，

而它的一心性（專注）逐漸增長，

就是心地之轉化變易成三摩地境地。

sarvārthatā的意思是「做一切事之性」。sarva是「一切、所有」。artha是「目的、意義」。tā是「具有某種的性質」。心地的特性是能在任何時地爲一切事、爲任何目的而服務。這個特性，換言之就是分心、定不下來、不安定。例如，我們現在上課，心地是處於多事的狀態，它一會兒在看、一會兒在聽、一會兒在感受觸覺，在想這、想那，一會兒停留在過去、一會兒去到未來，這就是sarvārthatā，心在「遍做」，就是分心、毛燥不安。ekāgratā是專一性，成爲「一心」（ekāgra）。這是心地的另一個特性。我們的心地不停地在「遍做」以及「一心」這兩個特性中切換。

「遍做」包括了《瑜伽經》第一篇第1經所說五種心地中的前三種（前三地）：散亂、昏沉、不定。一心則是第四地。

kṣhaya是「消、降低」。udaya是「長、增強」。當心地的那種不停地要去做一切事的特性被調伏了，一心的境地就越來越明顯，這樣的趨勢就是在轉化變易爲三摩地，也就是經文中稱爲心地的「轉三摩地」（samādhi-pariṇāmaḥ）。所以，此處是說，心地狀態的前三地（那些分心的狀態）逐漸收斂，第四地（專一）逐漸凸顯，因而心地能轉化變易成三摩地狀態，是屬於「有智三摩地」。

samādhi是「三摩地」，這個字是由sam＋ā＋dhā組合而來，「一起、和諧」＋「從所有方向、用一切方法」＋「保持、維繫」，就是將所有心地狀態合而爲一個不可區分的狀態。例如你做算數，

305+516+203+777，當你加起來得出一個總數，個別的305、516、203、777就都不存在了。「總數」（英文是sum）就是來自三摩地的「三」（sam）。

順便一提，「瑜伽」（yoga）這個字，在語言中有四種不同的用法。一種是用在瑜伽的經論中所謂的瑜伽，就是我們現在學習的課題。第二種是用於阿育吠陀中。它的藥是由不同的成分組合而成，所以藥的組合就叫瑜伽。第三種是用於天文學中，某個星和某個星連成一線，就是瑜伽。第四種是用在數學中。在數學中，yoga就是「總計」、「總和」的意思。「yoga」這個字使用於各種學問中，它表示不是在研究個別星球所起的影響、不是研究某一種特定草藥的效力、不是研究某一個數目，而是要研究它們的總體，研究它們的「和」。這也就是「sam-ā-dhā」的意思，當所有的力量合而爲一，不能被分拆出來，而且是和諧地一起流動，就是「三摩地」。

譯按，斯瓦米韋達在《釋論》中提到：

第9、10經所講的「轉滅」（nirodha-pariṇāma），指的是起心印與滅心印之間，這兩種「心印」的消長，不是「心念」的消長。是屬於「無種子」（nir-bīja）的非智三摩地。第9經的「轉」是「變易法相」（dharma-pariṇāma），第10經則是「變易位相」（avasthā-pariṇama）。

第11經所講的「轉三摩地」（samādhi-pariṇāma），則既包括「心印」的消長，也包括了「遍做」和「專一」這兩種「心念」的消長。是屬於「帶種子」（sa-bīja）的「有智三摩地」，是「變易時相」（lakṣhaṇa-pariṇāma）。

「變易法相」、「變易位相」、「變易時相」的意涵將在後面第13經說明。

III.12 tataḥ punaḥ śhāntoditau tulya-pratyayau chittasyaikāgratā-pariṇāmaḥ

此後，復次，隱與顯心同，乃心地之轉一心。

經文拆解註釋

tataḥa：於是，此後

punaḥ：復次，再度

śhānta-：隱沒，沒入

uditau：顯現，生起

tulya-：相同

pratyayau：知覺，心念

chittasya：心地（之）

ekāgratā-：一心性

pariṇāmaḥ：轉化變易

全段白話解讀

如前句經所述，已轉化變易入三摩地境地，

再次當已隱沒的前心念，與隨即顯現出來的後心念，

是完全一樣的，就是心地的轉化變易成一心境地。

本句經第一個字「tataḥ」，在這裡的意思是「於是」、「此後」，表示之前的「遍做」分心狀態泯除，沒有殘留心印，已經到達三摩地，因此接下來有了另一個新的轉化，就是「轉一心」。

如果能做到「念念」（pratyaya）相續且相似，也就是說上一念已經「隱沒」（śhānta），下一念立即接著「顯現」（udita），而且前後二念完全「相同」（tulya），那就叫做「轉一心」（ekāgratā-pariṇāma），轉化成「一心」。例如，你專注於咒語上，前後相繼的每一個念頭都是同一個咒語的心念，如此咒語、咒語、咒語的念頭相續下去，能維持十二次呼吸而沒有受到任何「垢濁」（mala）的「起心印」（vyūtthāna-saṁskāra）所干擾，那就是心地轉化成「一心」。又例如，老師要你專注於心輪處有兩個會發光、上下交疊的三角形，你能一直保持同樣、同樣、同樣的觀想對象，不起任何雜念，例如：「我見過這個圖形、我記得在學院的牆上看見過這個圖形……等」，每一個後念都和前念一致，沒有雜念岔進來，心地就會改變，轉化變易爲「一心」的境地。

散亂的心地之所以能成爲一心，在於能將不停生滅的心念，變成前後相似且相續的心念。這是專一的過程。我們如何知道自己是否專注？我們那個高階位的心有如一位旁觀者，一直在觀察低階位的心，所以我們能察覺到自己有沒有專注。就算現在你在聽講或是在閱讀，這高階位的心還是在持續觀察中。什麼是所謂高階位的心？以高頻率振盪的心念就是高階位的心。

瑜伽士借助於「三耶昧」之修練得「三摩地力」（samādhi-śhakti），從而由「轉一心」可以練成這一篇其後所描述的種種低階的「悉地」。但這唯有將構成三耶昧的「專注」、「禪那」、「三摩地」三者合而爲一，才有可能。

譯按，根據斯瓦米韋達的《釋論》，從「專注」到「禪定」到「三摩地」究竟需要多長期間，有幾種不同的說法。但是多半和數字「十二」有關，有的是用呼吸（prāṇāyāma）的次數表達，還有另一種用時間長度來表達的說法是：本經所描述的「一心」境地（十分鐘）乘以十二倍，就成了「專注」（兩小時）。連續十二次「專注」，則是「禪那」（二十四小時）。十二次「禪那」成爲「三摩地」（十二日）。

這幾句經（第9至15經）都是比較難的經句，它們是位於前面定義「三耶昧」的經句（第4至8經），以及後面講「三耶昧」所生起的種種「悉地」的經句（第16經之後）這兩組之間的經句，是在幫助我們了解「悉地」是如何生起的。當今有很多《瑜伽經》的學者，特別是西方人士，他們認爲《瑜伽經》的編排方式沒有系統，前後經句之間似乎沒有什麼連續性。這是他們自己沒讀懂，沒有找到其中的關聯何在。《瑜伽經》經句的編排順序可是有一定的邏輯。

三耶味・三轉化

第 13 ～ 15 經

III.13 etena bhūtendriyeṣhu dharma-lakṣhaṇāvasthā-pariṇāmā vyākhyātāḥ

以此，諸大與根之法時位相轉化已說。

經文拆解註釋

etena：藉由此，經由此

bhūta-：諸元素，諸大種

indriyeṣhu：諸根，諸感官

dharma-：法相

lakṣhaṇa-：時相

avasthā-：位相

pariṇāmāḥ：轉化，變易

vyākhyātāḥ：已解釋，已說

全段白話解讀

前面對心地狀態的三種轉化變易之說明，
也就解釋了三種基本的轉化變易：
轉法相、轉時相、轉位相。
這三種轉化變易也適用於諸元素（諸大）
以及諸感官（諸根）。

譯按，第9經（轉滅）、第11經（轉三摩地）、第12經（轉一心）是在修行過程中「心地」狀態所發生的轉化。而第13至15經又介紹了三種轉化（轉法相、轉時相、轉位相），則不限於心地的轉化，感官以及物的轉化都包括在內。

etena是「因爲如此」，因爲有了前面第9至12經關於心地的種種轉化之說明。所以，vyākhyātāḥ（就也說明了）bhūta（諸元素，即地、水、火、風、空等「五大」），以及indriya（諸根，即各個感官）中的三種pariṇāma（轉化）過程。哪三種轉化變易？dharma-pariṇāma（轉法相）、lakṣhaṇa-pariṇāma（轉時相）、avasthā-pariṇāma（轉位相）。

心地（chitta）是廣義的「心」，它包括了狹義的「心」（manas）。後者也是一種根（感官），它既是「知根」，也是「作根」。所以當心地起了轉化，會引起其他的感官及諸元素都起了轉化。例如，你的某個感官出了問題，往往是因爲心地中某個地方出了問題所引起的。

前面幾句經（第9至12經）所講的種種心地的轉化，每一種都具有轉法相、轉時相、轉位相。

什麼是「轉法相」？是特徵、性質、用途的改變所呈現的相。例如，心地從「起心」（vyutthāna）狀態，變成了「滅心」（nirodha）狀態；「起心」受到抑制，「滅心」得以彰顯，這是性質上的轉化。

「轉時相」是因為時間轉化變易而呈現的相，是因為走上三個不同的「時途」所呈現不同的相。「時途」（adhvan，或譯為「世路」）這個字本來的意思是「路途」。在《瑜伽經》以及佛教用語中，「時途」是表示過去、現在、未來三個時間的路途。什麼是「時間」？就心地、元素、感官這三者而言，時間就是「變易相續」，有順序發生變化的過程。它是一系列的變化，可分為現在、過去、未來三個「時途」。這個名詞背後有非常深奧的哲理，我們無法詳細介紹。lakṣhaṇa的字面意義是「相」。「相」是所顯示出來，所被察覺的。三個時途是：未來時相（anāgata-lakṣhaṇa）、今在時相（vartamāna-lakṣhaṇa）、初始時相（abhikrānta-lakṣhaṇa）。未來時相是說某個東西是有的，只是還無法察覺到它的相，它的相還沒顯現。例如，你現在穿的衣服是白色的，過了一段時間它會開始發黃，褪色了。那個褪色的狀態是未來時相。雖然未來時相在此刻無法察覺到，但是它此刻卻是存在的，只不過是處於潛伏狀態，是一種潛在的勢能。這在數論哲學，被稱為「因中有果論」（sat-kārya-vāda）。衣服現在的白色，是今在時相，是衣服目前被察覺到的性質。可是這件衣服是由紗線所織成的，紗線原本不是白色，是經過了漂白處理才變成白色。未漂白之前的時相，就是初始相。這就是變易過程所經過的三個「時途」，它說的是過去、現在、未來所能察覺的「相」，而不是說「存在」。這是第二種轉化——「轉時相」。我說過，這些經句比較難，你要充分了解它們，然後才知道所謂的「悉地」是從何而來。

第三種轉化變易是「轉位相」，是因爲所處位態改變所呈現的相。avasthā的字面意思是「狀態」。當你在高度專注時，專注的心印是處於強的狀態，而起離的心印則是處於弱的狀態。這是「法相」的「轉位相」，是兩種心印在「今在時相」中，展現出相對的強弱區分狀態而覺察到的變易。又例如，先後觀察同一個陶罐（法相不變），在觀察那個當下，都是處於「今位相」，但因有先後關係，縱然是同一個陶罐，前後觀察時外表也無所不同，但我們仍然覺察到有「新」、「舊」的不同，這就是「位相」的轉化變易。

但是，終究而言，這三種轉化變易只是將同一個「轉法相」的過程劃分爲三。「法相」（dharma）這個字已經包含了所有三個轉化變易相在內。威亞薩在註釋這一句經的時候，做了非常長篇的討論，請各位自行去參考我寫的《釋論》。這一句經可以說是在爲了說明其後第16經的那個能知過去未來的「悉地」而鋪路。

最後，威亞薩說，「那麼，究竟什麼是『轉化變易』？它是在某一個穩定的體內，其中一個法相的消失，而另一個法相的顯現。」任何一個「法體」（dharmin），都帶有著許多、許多的「法相」（dharma）。「法相」就是特質、性質、特徵、作用，它是潛在的「勢能」（śhakti）。

當某一種性質受到抑制，無法被察覺，另一種性質就顯現出來，被察覺，這就叫做「轉化變易」。但是那個「法體」本身並沒有轉化變易，在轉化變易的只是它所顯現出來的「法相」。「法相」的轉化變易不會影響到「法體」。例如，陶土是法體，它原本呈現爲一團泥相，其後呈現爲一個瓦罐相，泥團相和瓦罐相都是屬於陶土的法相，前一個法相被後一個法相所取代，這種變化就是法相的轉化變易。威亞薩說「法體」是「穩定的體」，這意謂著它不是虛幻不實的。

譯按，斯瓦米韋達在《釋論》中解釋這一句經時，多次提到威亞薩所論及的「變易」和「不易」，有許多地方似乎是在呼應佛教的「一切有部」論點，反對「剎那生滅」的論點。威亞薩主張「法體」有「體」，是不變易的，這和佛教主張的「性空」不同，請讀者留意。但是，此處所謂的「法體」，所指的並不是最終極不變易的「本我」，而是那些與本我相對的「原物」及其衍生物。根據數論哲學，原物是不滅的。關於「法相」和「法體」進一步的意義，請參閱下一句經（第14經）的說明。

本句經強調心地、諸大、諸根都同樣會起變易，也就是說「原物」所衍生出來的種種「諦」，各個「諦」都可以是「法體」，所以都不停地在經歷轉化變易的過程，從一個「法相」轉化變易到另一個「法相」。

斯瓦米韋達在《釋論》中寫道：

《瑜伽經》第一篇第43經、第三篇第3經，對「三摩地」的定義是：

若憶想清淨，似無自身，唯照耀對象，為無尋三摩鉢地。(I.43)

彼唯所對境顯現，自身若空，是為三摩地。(III.3)

在這兩句經的意涵中，心的「內具」(antaḥ-karaṇa) 是「法體」。在那法體中，本經中所講的三種轉化變易，會密集而重複不斷地發生，歷經生、住、滅的階段。只要這種轉化變易的過程不停，「內具」就不會有「似無自身」、「空卻一己」的體驗。當心地內的這些轉化變易能「滅」(nirodha)，就到了三摩地的境地，初步是屬於有智三摩地，而悉地只有在有智三摩地階段才會有。

III.14 śhāntoditāvyapadeśhya-dharmānu-pātī dharmī

與隱顯未名諸法相並俱者爲法體。

經文拆解註釋

śhānta-：隱沒

udita-：顯現

a-vy-apa-deśhya-：不可察覺，無以名狀

dharma-：法相，特性，傾向

anu-pātī：相隨，俱有

dharmī：法體，具有種種法相之體

全段白話解讀

種種法相轉化變易不已，有的已經過去而消失了，有的此時正在顯現，有的還未顯現所以無法辨認，與這些法相相隨、具有這些法相的那個，就是法體。

（譯按，本書所根據的授課錄音檔中，不含這一句經的誦唸原音，所以沒有收錄在所提供的線上音檔中。）

前面兩句經說了心地與諸大、諸根的轉化變易。這一句經接著說，它們（心地與諸大、諸根）之中，什麼是「法體」（dharmin，單數主格就成了dharmī）。「法體」就是帶有三種類型「法相」（dharma）的基體。「法體」、「法相」在此處都是這幾句經的專門用語。例如，一般用到「法」（dharma）這個字的時候，是有美德、規範的意思。但是「法」原本的意義也是「所有質性之集合」。因此，你可以說，布提的「法相」是集合了悅性的美德。「法體」是具有種種「法相」的基體。「法相」是「法體」所具有的種種性質，它是一種「勢能」（śhakti，夏克提），當它顯現出來時，就呈現出某種特徵相貌、某種作用。不同的「法」有不同的特殊「適用性」（yogyatā）。

威亞薩在註釋這句經時用到了「yogyatā」這個字。在印度哲學主流六派之一的正理派（Nyāya）經典中，對這個字就列舉了十六種不同的解釋！現代很多印度翻譯《瑜伽經》的作者，往往對梵文的認識不深，只依照自己所熟悉的印度其他語言，例如孟加拉語、塔默語中的意義，來做解釋，就容易錯失原意。我經常提出這個問題，目的在提醒大家一定要當心。yogyatā在梵文中原本的意義就是「適用性」。例如，陶土是「法體」，陶罐是陶土的「法相」，可以用來盛水的功能就是陶罐的「適用性」。只要它具有盛水的「適用性」，陶罐就仍然被稱爲陶罐。古希臘哲學家柏拉圖在所寫的《共和國》書中，對這個議題也有非常深入的討論。我們再說一次，所謂「法相」，是「法體」所有的，具備某種特殊「適用性」的「勢能」。根據正理派，這是最基本的定義。

「法相」可分以為三類：「隱沒」(śhanta)，已經完成了作用，已經收攝了的；「顯現」(udita)，此刻顯現出來的；「不可察」(a-vyapadeśhya)，潛伏不可察覺，還未顯現的。

在印度的物理哲學中有兩條原理：sarvam shaktimayam jagat（一切乃勢能所構成），以及sarvam sarvātmakam（一切即一切）。（譯按，這兩句的梵文讀音已經收錄在所附線上音檔中。）

sarvam shaktimayam jagat是一句咒語，意思是「一切都是由『勢能』（夏克提）所構成」。你可以閉上眼睛，讓心靜下來，默誦這咒語。當心完全靜了下來，讓這句咒語在心中浮現，重複持誦。

sarvam sarvātmakam的意思是「一切即一切，任何一樣東西都可以是所有其他東西」。例如，教室中，這面牆可以是流動的水。例如，這杯水，水不在杯中，是杯在水中。

你要具有那種「眼睛」，才可以看見這個道理。整個宇宙世界都是由「勢能」所構成。整個宇宙都只是「勢能」，除此別無他物。原子的能量可以顯現成一面磚牆，也可以顯現成水。所以牆可以是水。原子的能量並沒有不同，所以「一切不外乎勢能」，從而「一切即一切」。由於整個宇宙都是由勢能所構成，因此一切無異於一切，一切能成為一切。這個原理在今天被科學界運用在幹細胞上。幹細胞可以培養成肝臟的細胞，可以培養成心臟的細胞、眼睛的細胞。任何東西都是由勢能所顯現，只要能夠駕馭勢能，就能夠將任何物件轉化成任何物件。

潛伏的「法相」，是現在還見不到的特質，還無法辨認指出來的相貌，當它還沒「顯現」（udita），你就不能具體指出它是什麼，所以是「無可辨認的」（avyapadeśhya）。以水的相貌呈現出來的原子勢能，在還沒有呈現出牆的相貌特質以前，你再怎麼運用思維能力也看不出來它未來會是牆，不會看出來牆的磚能夠成爲水。對於常人的眼睛，它的變易是不可預測的。這不是說它是「未來」的，它其實存在於「現在」。那個潛伏的勢能是一直存在的。我們要明白，這三種法相：隱沒、顯現、不可察，都是從可察覺與否來區分的。隱沒的法相已經消逝，已經沒有了，當然不存在於現在。顯現、不可察的法相，一個是當前存在顯現的，一個是當前存在但是無法察覺的。

我再講這個道理，時間就不夠用了。大家可以去讀我寫的《釋論》，裡面也提到進一步參考的文獻。我在《釋論》第二輯中解說第17經時提到，因果律總是說前因引起後果，但是「法體」的「轉化」有時候會因爲某種潛伏的「法相」需要在未來顯現，所以會引起別的「法相」在當下先顯現出來。在感覺上這像是未來的果變成了因，導致當前出現某種必要的情況。這情形聽起來不合邏輯，卻是此處第13、14經所要表述的道理。我在書中用圖像表示出法相、時相、位相三種「轉化」，是三種不同階段、不同方面所發生的變化起伏，各位需要去研究（譯按，已經翻譯成中文並且附在本篇第15經的解說文字之後）。

在此我們需要理解的是，所謂的「轉化」，以原子能量的觀點來看，就是在我們心地中所起的變化。我們心地中變化的過程，和物質變化的過程是一樣的。道理何在？為何心地中的變化會反映在物質世界？為何物質界的變化，所反映的是心地中的變化？根據數論哲學，心和物質都是由「原物」衍生出來，所以心也是「物」。因此，心的變化過程，和身體眼睛、骨骼的變化過程，是一樣的。

前面說物理哲學的兩條原理是「一切都是由勢能所構成」、「一切即一切」。所以心就是物，心就是磚頭，磚頭就是水，水就是火。火焰有許多不同顏色和形狀，但終究是火。你要深思這個道理。

譯按，斯瓦米韋達在他的《釋論》中，總結這一句經時寫道：

這句經的目的是在表明，努力從事修練三耶昧以獲得悉地的瑜伽修行人，應該細細思量並判別「法相」和「法體」的相互差異。否則，由於不明白這個差異，以及混淆這兩者的相互關聯，由三耶昧所生起的慧見就會消失。這一句經就是為了要避免瑜伽修行人陷入歧途而作。

III.15 kramānyatvaṁ pariṇāmānyatve hetuḥ

序之異動為轉異動之因。

經文拆解註釋

krama-：次序，順序

anyatvam：異動，改變，不同

pariṇāma-：轉化，變易

anyatve：（於）異動，改變，不同

hetuḥ：原因

全段白話解讀

改變了順序，

是引起種種不同轉化的原因。

前幾句經都是在講變化（轉化和變易），變化又是怎麼出現的？我們說，不論心、物，它們都來自同一個能量場，然而，因爲在形成過程中變易的順序不同，導致最終成爲種種不同的「法體」。心地、血肉、骨骼、手、腳，乃至磚瓦，骨骼中的鈣質、磚中的鈣質，血液中的氧、空氣中的氧，它們都源自同一個能量場，會成爲不同的體，是因爲三種轉化過程的順序不同。也就是前面經句中所講的法相、時相、位相的「轉化」順序有所異動。

這句經說，過程和結果出現了變化，原因是順序遭到改變。就像是化學反應，如果加入各種化學材料的順序不同，就會起不同的反應，最後得出的化合物也不同。所以只要順序有改變，變易就會不同。

我們現在應該已經熟悉了「法相」和「法體」這兩個名詞了。「法相」是特質、特徵。「法體」是具有這些特質的體。用前面的例子，陶土是「法體」，陶土粉是陶土所呈現的一個「法相」，土粉成爲泥團又是一個「法相」，泥團成爲陶罐又是一個「法相」，陶罐破裂變成的碎片又是一個「法相」，這是一種序，是「轉法相」的序。無論什麼「法相」，只要緊接著任何另一種「法相」，就是它的順序。

陶土的泥團性質隱沒，顯現出陶罐的性質，這是「轉法相」的順序。在泥團還沒成爲陶罐之前，陶罐是一種未來可能的法相，是處於潛伏狀態。等泥團變成了陶罐，成爲現在所顯示的狀態，這就是具有時間性的順序，也就是「轉時相」。同理，泥團原本是當前存在的狀態，當現在變成了過去的狀態，也是「轉時相」。但是已經成爲過去了的狀態，就沒有「轉化」的順序可言。順序只有從現在成爲過去，以及從未來成爲現在這兩種「轉時相」。一旦成了過去，就再也沒有後續可言。

「轉位相」也有順序。例如，新的陶罐在經過一段時間後成爲舊陶罐。「轉位相」和另外兩種轉化變易不同，它是片刻不停在發生中的，但只有經由比較或推論，才可能察覺到「轉位相」。

當我們接受「法體」和「法相」是不同的東西時，才能看出順序的種種形態。然而，我們要明白，「法相」又可能會是「法體」。例如，陶罐是陶土的法相，陶土對陶罐而言是「法體」，但是陶土對於「土大」元素而言，它就是「土大」的「法相」。所以，「法體」與更細微之物對比之下，它就成了更細微之物的「法相」。唯有「原物」是最終極的「法體」，它是一切的「法體」，是「法相」和「法體」的合一，只剩下了「一」。這個根本的「法體」就是它自己的「法相」，所以它也就可以稱爲「法」或「法相」。

譯按，斯瓦米韋達在《釋論》中寫道：

所有這些變易之序的原理，適用於一切心物現象。本篇從第9經之後的幾句經，都是在討論轉化變易，是在讓人明白自然的法則，而心地中所起的種種變易現象也適用同一法則。這是爲了幫助瑜伽士理解，他靜坐冥想的工夫進步之後所發生的種種現象，都是心念轉化變易所致。

威亞薩在總結這一段的主題時，告訴我們，心地的「法相」（譯按，所謂心地法相的名詞，概念似乎與佛法唯識學中所稱的五十一心所有法類似，但法相的細節不同）可分兩大類，有兩種特質，一類是「有形」（paridṛṣṭa）的，是可以見到、感覺到的；一類是「無形」（a-paridṛṣṭa）的，無法見到、感覺到的，要靠推論、比較才會知道。「知覺」（pratyaya， 知覺、認知的心念）是屬於有形的，例如我們的想法、情緒都發生在有意識的心中，我們能直接經驗到它們。無形的則是我們不能直接經驗到的，而是經由推論才能得知，一共有七個：滅（nirodha）、德（dharma）、印（saṁskāra）、轉（pariṇāma）、命（jīvana）、作（cheṣhṭā）、勢（śhakti）。你們應該要記牢它們，最好知道它們的梵文原名。（譯按，這些名詞的梵文讀音已經收錄在所附線上音檔中。）

- **滅（nirodha）**：是「心念」（vṛtti）到了非智三摩地的境地，那是最高的三摩地。「智」（prajñā，般若）是智慧逐步增長到了完善地步，但仍然是屬於「有形」，是可以覺知的。心念已滅的「非智」則是「無形」的，此時「知、知者、所知對象」

三者已經無區別，「智」不再起作用，已經滅智，所以是「非智」。如何推論得知？是由逐漸對世間事物失去興趣，而推知有了「心念」趨於「滅」所留下的心印。由增加靜坐的時間，也可以推知形成了「滅心印」。

- **德（dharma）**：這個字用在不同的地方會有不同的意義。例如在上一句經，這個字的意思是「法相」，就是特質。可是在此處是說心地的德行，有德和失德都包括在內。威亞薩在解釋第一篇第2經時，告訴我們，構成心地重要成分之一的「布提」有八個特性：德（dharma）、智（jñāna）、捨（vairāgya）、自在（aiśhvarya）、失德（a-dharma）、痴（a-jñāna）、不捨（a-vairāgya）、不自在（an-aiśhvarya）。那心地如何變得有德有智？威亞薩在那裡有所說明。請回頭去研究，需要認識它們。此處所講的「德」，也可以說是業庫，我們只能從種種業力果報的苦樂經驗，來推論得知「德」的情狀。

- **印（saṁskāra）**：我們每一個經驗、每一個念頭、每一種情緒、說的每一個字，這些都會在心地中留下印記。不要以爲心印都是得自外面世界所帶給我們的經驗。心印最主要的來源是我們自己的心念、言語、行爲，我們的一言、一行、一念都會留下心印。這就是爲什麼持咒能留下心印，不停地咒語、咒語、咒語、咒語、咒語，會留下千百萬遍的心印，一定能有所助益。你要了解心印是什麼，只要你一動心起念就會留下心印。我們可以從記憶以及習氣，來推論得知自己心印的情狀。

- **轉（pariṇāma）**：這包括轉化的肇因以及轉化的過程在內，是片刻不停的，一直在變易中，有變易法相、變易時相、變易位相，以及它們的順序。從心念到磚塊，都在不停地變易中。爲什麼一切都如此善變？因爲所有的「物」都具有三個質性（guṇa），其中之一是動性（rajas），它是不停地動，所以一切都受到影響。轉就是變，就是無常。我們只能從心地的消、長，以及心念的起、伏，來推論得知轉化變易的情狀。

- **命（jīvana）**：這是心地中維持生命力（prāṇa）的一種法相，是它在維持生命力的運作。究竟是什麼在維持生命？是呼吸，是心臟，是腸胃，還是肝臟？都不是。是心地中有這一個「命」的特質，它在運作這些器官和功能，生命力才得以維持。能掌握這個「法相」的人，就能掌握生命，也就是爲什麼瑜伽大師能夠決定自己的生死，甚至即使到了身體殘弱不堪，換了常人，其身體可能早就用不下去了，但他還可以運用心地的力量，以心轉物，繼續使用身體。我們可以從呼吸的不停（即使在睡眠中也不停），來推斷得知「命」的情狀。

- **作（cheṣhṭā）**：驅動感官（包括知根和作根）起作用的是「作」，這是「命」所顯現出來的。舉凡眼睛的動作、手的動作，都是「作」，是它在作用。那麼「作」的後面又是什麼，是什麼在驅動「作」？《奧義書》對此有非常長篇的討論。「原物」以及一切由它所衍生的物，都是由它們內在本有的「動性」所驅動。「作」也是受到「動性」所驅動。暫時先不要考慮神、靈魂的問題，如果沒有「本我」的覺性，我們身中的質性就不會起作用。「作」是心地的七個無形法相的其中一項，我們在清醒時，心地和感官是連結的，是有「作」的存在。做夢和深睡時，心地和感官（例如眼睛）是不連結的，就沒有了「作」。我們可以由此推斷得知心地中「作」的情狀。

- **勢（śhakti）**：勢能是心地的第七個無形法相。我們一切的作爲、行動、生命現象、變化不停、心印、有德失德，這一切一切都是以「勢能」的形態潛伏在心地中，我們要靠經驗它們所顯現出來的種種現象，來推論得知它們。而能知的「勢能」，知道了自己，那就是三摩地。

你該記住這些有形、無形的法相，要去研讀威亞薩所作的解說，在我那本《釋論》第三輯中有詳盡的介紹。前面提到，《釋論》第二輯有個圖表（譯按，列在本經解說之後），研讀它會有助於了解此處這七種無形的法相，這七種心地無形的作用。

本篇篇名的主題「必普提」（vi-bhūti），普遍發顯出種種殊勝的「悉地」，這些「悉地」從下一句經開始要登場了。

有同學問，《瑜伽經》爲什麼將第9至15經關於轉化變易的，放在第三篇而不是放在第一篇〈三摩地篇〉？我的回答是，因爲第三篇所講的種種「悉地」，是「三耶昧」所發出的「悉地」。這第9至15經是緊接著第1至8經對「三耶昧」定義之後，是在闡述如何藉著修練「三耶昧」生起「悉地」，或者應該說它是如何喚醒了「悉地」。我們要強調，「悉地」不是本來沒有而憑空練出來的，它是你本來就具有的能力，只不過被堵塞而不顯現。帕坦迦利在第四篇中用了一個很具體的例子形容，就像是農夫打開水閘來引水灌溉，他沒有造水，只是將堵住水流的閘板抽走，水就自然流出來。所以「悉地」是你一直都擁有的，而由於「三耶昧」之助，你讓它發顯出現。

從第16經開始，《瑜伽經》開始逐一介紹隨著「三耶昧」而起的「悉地」，以及它們各自的功用何在。

譯按，《瑜伽經》第二篇第17經說，痛苦的起因是「能見者」與「所見對象」之結合。斯瓦米韋達《釋論》原書第二輯在解說這一句經的時候，引用了一位論者的敘述提到，「未來事件的目的，是引起這個結合的原因」。斯瓦米韋達加以解說（266～268頁）：

這句話看來可能很費解，「因」必須先於「果」存在，而不是反過來，未來事件怎麼可能成爲當前事件的起因？

一個東西或事件的變易，不是因爲加入了新的力或是新的特質而產生。根據數論哲學的「因中有果論」（sat-kārya-vāda），根本不存在新的特質。事物的種種特質輪流顯現時，其他的特質是處於潛伏狀態。爲了說明，我們將某一個東西所具有的特質分爲三組。這個東西，我們稱之爲O。它在過去階段的形態是O1，目前階段形態是O2，未來階段將要演變成爲的形態是O3。O的其中一組特質是G1，另一組是G2，第三組是G3。

- 當G1外露時，G2和G3是潛伏不顯現的。這個東西是O1階段，過去時段的形態。
- 當G1逐漸被遮蓋，G2發顯出來，G3保持潛伏。這個東西是O2階段，現在時段的形態。
- 當G1保持潛伏，G2消退，G3發顯出來。這個東西將是O3階段，未來時段的形態。

O1、O2、O3並非不同的東西，是同一個東西呈現出不同的相貌而已，就是O。G1、G2、G3是O的所有特質。G3要在未來才外露，在O1和O2階段都保持潛伏狀態。因此，雖然G3要到未來某個時點的O3階段才外露，儘管它處於潛伏狀態，卻可能引起O1（過去形態）轉化成爲O2（現在形態）。所以，未來的目的成爲了目前形態的起因。

在下面的圖中，水平線區域表示的是某些特質組已經消退，處於不活動狀態；向上凸起的曲線區域，表示O在那個時段的形態，某些原本潛伏的特質成爲在那個時段顯現出來的特質。

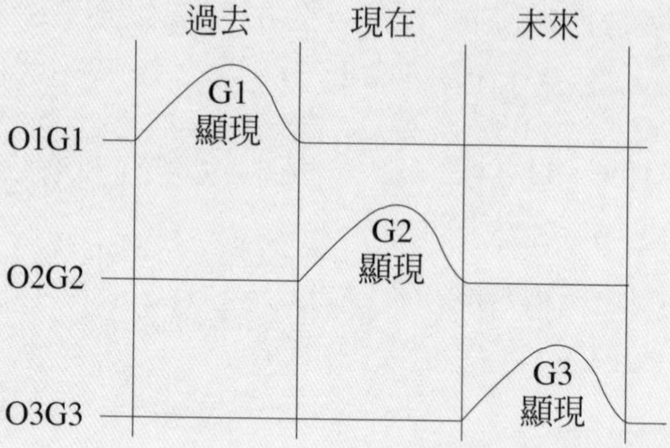

三耶昧・悉地

第16～55經

知過去未來

III.16 pariṇāma-traya-saṁyamād atītānāgata-jñānam

行三耶昧於三轉化之故，知過去未來。

經文拆解註釋

pariṇāma-：轉化，變易

traya-：三

saṁyamāt：（由於）三耶昧

atīta-：以往，過去，前

anāgata-：未來，後

jñānam：智慧，知識

全段白話解讀

能於法、相、位這三種轉化變易，

深得其中三耶昧，所以能知過去、未來。

從這一句經開始，要講解瑜伽士如何將三耶昧的工夫用於所專注的對象，以及因此所能得到的種種「悉地」。

《瑜伽經》在本篇中告訴我們，哪種悉地是由修練哪種三耶昧而來。也就是說，瑜伽士想要求某種「悉地」，就應該修某種特殊的三耶昧，專注於某種特定的對象。但是想要求「解脫」的人，則只需要在明辨「原物」和「本我」上做三耶昧的工夫（本篇第49經），即可成就第一篇第16經所說的「終極無執」（para-vairāgya）。

由於瑜伽士專注於（譯按，斯瓦米韋達所用「專注」一詞是等同於「三耶昧」）三種轉化之故，他能全面知曉過去、未來。哪三種轉化？就是轉法相、轉時相、轉位相。為什麼專注於轉化的過程，就能夠得知過去未來？什麼是過去？原本所顯示的法相（特質）隱沒了、潛伏了，就叫做過去。原本潛伏的法相，顯示出來了，就叫做現在。潛伏的法相將會顯示出來，就叫做未來。如果你了解這個過程，就能知曉過去未來，這是第一個提出來介紹的悉地。

所有一切物質最終極的「法體」是「原物」。原物的種種衍生物不斷地在轉化，宇宙世界中一切都不停地在變易中，沒有東西是不變的。你坐在此處，腳下的地球在轉動中，身體內的細胞都在變動中，這棟房子牆壁中磚塊內的分子也在動中。所有的「物」中都由三種質性所構成：悅性、動性、惰性。因為其中「動性」的緣故，所有的質性都在動中，沒有東西是靜止不變的。

前面說過兩個基本的物理法則：

- 一切都是由勢能所構成。
- 一切即一切。

現在說第三個法則：質性恆動。

心地就是原物最初的衍生物，所以本篇所講述的第一個悉地，是專注於心地的三種轉化，得了其中三耶昧而來的悉地。

譯按，斯瓦米韋達在《釋論》中說：

這一句經中，三耶昧所專注的對象，是最細微、剎那即逝的心念變化，以及實證到這些剎那的次第順序。在如此實證中所見到的是：這是此法體之法相轉化，這是此法相之時相轉化，這是此時相之位相轉化。三耶昧是能知一切之工具，因為它能除去無明和障礙。當我們運用適當的方法除去障礙，心就如同抹淨塵垢的明鏡，能夠專注於一，就能知曉一切。瑜伽士如此得來的「全知」是無庸借助如第一篇第7經所講的各種「量」而有，因為它：

- 超越了感官覺知的「知量」。
- 超越了推論而知的「比量」。

- 超越了經書和聖人言論權威的「聖言量」。

瑜伽士能經由行三耶昧於任何對象之三種轉化，就知曉該對象所有過去與未來之法相、時相、位相。這也就是說，他能見到初、中、後三段時間，所以瑜伽士被稱爲「三時見者」（tri-kāla-darśhin），他有「全知」。

因此，想要得「知時」（kāla-jñāna）悉地者，應該要從事三耶昧的修練：

- 得轉法相之三耶昧而知過去。
- 得轉時相之三耶昧而知現在。
- 得轉位相之三耶昧而知未來。

能知三時的悉地可摧折一切不順、障礙，可滿足修行者求世間法之欲望，所以在種種悉地中位居第一位。不過我們必須明白，這些悉地對於尋求解脫之瑜伽士終究是歧途。

知眾生語言

III.17 śhabdārtha-pratyayānām itaretarādhyāsāt saṅkaraḥ, tat-pravibhāga-saṁyamāt sarva-bhūta-ruta-jñānam

字義知相互重疊混淆，行三耶昧於彼之分辨，一切生靈音聲皆知曉。

經文拆解註釋

śhabda-：字語，文字
artha-：意義，字語所指稱的對象
pratyayānām：概念，認知
itara-itara-：彼此交互
adhyāsāt：重疊，附加
saṅkaraḥ：混雜，混淆
tat-：那個
pra-vi-bhāga-：分離，區別
saṁyamāt：三耶昧，專注
sarva-：一切，全部
bhūta-：生靈
ruta-：音聲
jñānam：知

全段白話解讀

字、字義的對象、對字的知，
三者彼此交互重疊而產生混淆，
能夠分辨出它們之間的不同，
得此中三耶昧之人，
就能懂得一切生靈所發出的音聲。

這一句經比較長。我們先看頭三個字：śhabda-artha-pratyaya。śhabda是「字」；artha是字的「意義」，就是「字」所要表示、所指稱的對象；pratyaya是「認知」。例如「牛」，它是一個「字」，它的「義」是草原上叫做牛的那個對象，而不是我口中所說出來的字，否則這個對象豈不是在我口中，誰的嘴巴能大到把牛放進去？它的「認知」是字語和它的意義相結合，在心中所生起的認知，所以你聽到「牛」這個字，心中能夠知道我是在講草原上的那個動物。

saṅkara是「混淆、混在一起」。爲什麼會混淆呢？那是因爲itaretarādhyāsāt，它們一個個彼此（itaretara-）重疊（adhyāsa）。將某物覆蓋在另一物上面，就叫做adhyāsa，是由adhi（上面）＋asa（坐）所組成。這個字和另一個字「abhyāsa」（串習，習坐，見《瑜伽經》第一篇第12經）有關聯，但是意義不同。adhyāsa在《瑜伽經》和吠檀多哲學經常出現。但通常是表示「誤認」，與此處的意涵不同。例如，你走進一個陰暗的房間，看見一條蛇，大吃一驚，趕忙拿燈火來一照，噢，原來是一條繩子。你把對蛇的認知「誤加在」繩子上，那就叫做adhyāsa。

本經中說，由於把「字」、「義」、「知」相互重疊在一起，以至於產生了混淆。而能夠行三耶昧於此，能夠「分辨」（pra-vi-bhāga），把它們如實分開來，所得到的悉地是對一切生靈（sarva-bhūta）的音聲（ruta）都能知曉（jñāna）。例如禽鳥、牛馬的語言，你就都能聽懂。

這一句經介紹了第二種三耶昧，以及它的悉地。

譯按，威亞薩在闡釋這一句經時，用了很長篇幅解釋印度古典哲學中的音聲字語理論，在斯瓦米韋達所寫的《釋論》中也有很詳盡的討論。

簡要言之，「字」是由三個部分所合成：音素（varṇa）、音聲（dhvani）、化字（pada，文法上說，是經過扭曲的字，經過「轉聲」的字）。所有的言語都是由依照某種通用順序發出的音素組合而來。例如，梵語的「牛」字「gauḥ」，是由g – au – ḥ三個音素所構成（漢字雖然不是拼音文字，但是發音卻是由漢字音素「拼音」而來，例如「牛」字是由n – i – ou三個音素構成）。

在此我們首先要明白，言語器官只能發出音素的音聲，不能表達字，也不能表達出化字。言語器官要發出音聲，必須要用到八個部位：胸腔、喉、頭、舌根、牙、鼻、唇、顎，用到「上行氣」（udāna-vāyu）推動言語器官發出音素形成的音聲。以漢字「牛」爲例，言語器官次第發出n – i – ou三個音素，聽的人在耳中依次聽聞n – i – ou三個音素，而每個音素的音聲在發出、聽聞之後剎那就消失了，但是會在聽者的心中留下心印。當聽者聽到最後 ou 這個音素之後，他心中的智力功能（buddhi，布提）會瞬間將這三個音素結合而成爲他所認識的「牛」這個字。這在印度哲學中稱之爲「斯潑塔」理論（sphoṭa，字面意思是爆發）。

而當聽者在聽到 n 這個音素時，他還不能分辨出說者是要表達牛、泥、你、膩，因爲有太多可能的組合。只有在依順序聽完n－i－ou三個音素之後，才明白是「牛」。而同樣三個音素如果用不同的順序發出，聽在耳中就會形成不同的字（例如i－ou－n可能是近似「庸」、「勇」），乃至於成爲兩個沒有意義的字（例如ou－n－i 可能是「歐逆」），甚至不成爲任何漢字（例如 ou－i－n）。同樣的原理也可適用於單字連成的句子，例如「草—原—上—有—頭—黃—牛」，雖然每一個字說出來後即時消失，可是聽者在聽完最後一個字時，會在心中將所有的字形成一個完整的句型，了解句子所要表達的意思。威亞薩將這個過程用了一個複合字來形「nādānu-saṁ-hāra-buddhi-nir-grāhya」，就是「布提智力將音聲集合，以攫取其意義」。

至於化字則是梵文文法的規則，因爲字的性別、數目、位格等因素影響，而在字內或是字尾所出現的變化，字經過如此的格式轉化（或者說扭曲），才明白它所要表達的完整意義，所以梵文的文字一定要聽完最後一個音素，才能聽出來它的意義，而這在漢字文法是不存在的，漢字往往只有靠幾個字結合在一起，才能表達特定的意義。

這個文字音聲的理論對於深入了解言語理論、理解咒語本質都極其重要，請讀者參閱斯瓦米韋達的《釋論》以及他的另一本著作《咒語和冥想》（*Mantra and Meditation*）。

得此中三耶昧的人，就能理解一切生靈的音聲語言。這是因爲一切生靈所發出的音聲，就是各自物種的語言，原理和人類語言類似。斯瓦米韋達說，長年在森林中居住，或是和某種動物相處久了，也會對動物不同音調的音聲所代表的意義有所了解。

｜知前世｜

III.18 saṁskāra-sākṣhāt-karaṇāt pūrva-jāti-jñānam

由實證心印，知前世。

經文拆解註釋

saṁskāra-：心印

sākṣhāt-karaṇāt：由於實證，親眼所見

pūrva-：之前

jāti-：生

jñānam：知

全段白話解讀

由於實證心印的緣故，

修行人能夠了知自己的前世。

威亞薩說，「心印」（saṁskāra）分為兩類，或者說可以用兩種不同方式來看心印。

一類心印是我們記憶以及煩惱的起因，我們因為它而有記憶，因為它而起煩惱。什麼是「煩惱」（kleśha）？我們在第二篇講過，你們還記得嗎？（譯按，《瑜伽經》第二篇第3至9經解釋了五種煩惱：無明、有我、愛戀、厭憎、死懼。）這種心印是以潛伏的「習氣」（vāsanā）狀態存在。

另一類心印是業力「成熟」（vipāka）的起因，它是前世所造「善」或「不善」的業留下來的心印，會如同樹枝上的果實一般成熟，就是果報。心印的成熟就是業力的果報，業力的果報就是《瑜伽經》第二篇第13經所說的「類」（jāti）、「壽」（āyus）、「驗」（bhoga）：

> sati mule tad-vipāko jāty-āyur-bhoghāḥ
> 只要煩惱的根還在，業報的成熟將體現在類、壽、驗。

成熟如同是米飯煮熟了，所以心印正在我們之內烹煮。當它熟了會成為「類」，就是你會成為什麼樣的物種，會有什麼樣的身體。「壽」就是壽限，你會在那個身體中活多久。「驗」就是你在那個身體一生中會有如何痛苦以及喜樂的經歷。這些都是由你的善業或不善業所造成的。

在解釋前面第15經時，威亞薩提到心地有七種無形的法相，心印就是其中一種。以心印爲三耶昧之對象，實證（sākṣhāt-kara）到什麼是心印，就能知道自己的前世。「實證」（sākṣhāt-kara）這個字在印度的哲理中是一個常見的字眼，你們每個人都應該要記得這個字。它的意思是「親眼目睹」。在今日的印地語中，和某人的訪談也叫做sākṣhāt-kara。但是在哲學上，這個字的古典意義是「親自實證到眞理，或者面對面見到神、見到自性」。

威亞薩說，實證心印必須是由體驗到空間、時間和因緣而來。空間是指出生地、生長的城鄉等。時間是指所生存的時代等。因緣是指生身的父母親等。

他接著說，因專注於自己的心印得其中三耶昧，所以能夠知道自己的前世（譯按，另外第二篇第39經提到「能落實非縱理念之人，就能覺悟自己轉世的原委。」是說能知道自己爲何會轉世。）。同樣地，如果專注於別人的心印也能夠知道別人的前世。但是你要如何專注於別人的心印？只有能進入「細微身」的人，才能夠得如此三耶昧，因爲它不是屬於意識層面的心念專注。

威亞薩在闡釋這一句經時，引用了一段寓意深遠的敘事：

有位名叫嘉吉沙韋亞（Bhagavān Jaigīṣhavya）的尊者，他實證了自己的心印，能夠見到自己在過去十個宇宙生滅循環大劫中的每一次前世，因而他生起了「明辨智」（viveka-ja jñāna，譯按，請參閱本篇第54經）。

他遇見了一位偉大的聖人塔努達拉（Āvaṭya Tanudhara），「塔努達拉」這個字的意思是「具身者」，所以他可能是一位沒有身形的雲遊聖人，當他必須用到身體時，就會以身體形態短暫出現，直到完成目的爲止。所以我不知道「塔努達拉」究竟是他的名字，還是形容他的短暫使用身體。據說這樣的人可以自己造出一個身體，或者借用別人的身體。當然，他們不是隨便什麼人的身體都可以借用，通常是借用最純淨的人身，而借用完畢後，被借用者會留下些許的記憶，會知道曾經有位聖人借用他的身體來宣說道理。

塔努達拉問嘉吉沙韋亞：「你知道自己過去十個大劫以來的每一世，經歷過天堂和地獄，曾經生爲人身、次等生物等，不停地重複生死，在這麼多世裡面，你覺得是苦多於樂，還是樂多於苦？」請問，你們諸位認爲是苦多於樂，還是樂多於苦？

嘉吉沙韋亞說：「現在我的布提變得清澈了，回想過去不斷輪迴，做過天人、人類、次等生物，經歷過天堂和地獄，我視這一切都是苦。」你們還記得《瑜伽經》第二篇第15經嗎？

> pariṇāma-tāpa-saṁskāra-duḥkhair guṇa-vṛtti-virodhāch cha duḥkham eva sarvam vivekinaḥ
>
> 因為壞苦、苦苦、行苦的緣故，以及諸質性相互衝突的緣故，對於有明辨智慧之人，一切都只是苦。

因爲這三種苦因：壞苦（pariṇāma-duḥkha）、苦苦（tāpa-duḥkha）、

行苦（saṁskāra-duḥkha），智者見到一切都只是苦。

塔努達拉又問他：「你活了這麼許久，甚至能掌握控制原物，能知足，所以得到無上之樂，難道你連這些都視爲是苦？」我們以前學習過「知足得大樂」，見第二篇第42經：

santoṣhād an-uttamaḥ sukha-lābhaḥ
以知足故，得無上樂。

難道嘉吉沙韋亞連那種「無上樂」（an-uttamaḥ sukha）都認爲是苦嗎？他回答說：「這種因知足而得的無上樂，相對於世俗的感官之樂而言，算是無上樂。但是比起終極解脫的『獨存』（kaivalya），仍然算是苦。知足是一種布提的悅性，那種樂還是在三種質性的層面，仍然需要斷除（譯按，質性的作用會彼此相衝突，而導致苦，見第二篇第15經）。凡是由欲望所引起的，本質上都是苦。若是能脫離這種欲和苦不斷的循環，就能生起完全清澄愉悅的樂。」

有人問，知道前世能有什麼用處？沒有多大用處，這只是一種會發生的現象。所有的悉地都是無用的，但是它能給你的修行帶來信心，這算是唯一的用處吧。有時候，上師會爲你展現某種悉地，那也是爲了要增加你的信心。等你有所成就了，能夠把悉地用來服務眾生，那才算是有用處。有時候你知道自己前世的情形，能夠明白到自己還有什麼沒有了的業，也可以算是有點用處。

而對於眞正的上師，如果知道弟子的前世，能夠給予弟子適當的指導，這也算是一種用處。如同心裡分析師能分析出病人的心理問題，才能對症下藥。總之，對於悉地，必須要出於無私的動機，它才能稱得上有用。

知他心

III.19 pratyayasya para-chitta-jñānam

於知覺，知他心。

經文拆解註釋

pratyayasya：知覺（的），心念（的），
心（的）

para-：別的

chitta-：心地

jñānam：知

全段白話解讀

由於行三耶昧於知覺，

因而實證知覺的緣故，

修行人能夠了知他人的心地。

「pratyaya」這個字大家應該很熟悉了，在《瑜伽經》中出現了很多次。pratyaya是任何一個知覺心念，是任何一個在心中所起的經驗，那一個所經驗到的，就是知覺，就是認知。所以你有藍色的知覺、紅色的知覺，等等。在此處，「知覺」的涵義包括了整體的心地。由於行三耶昧於知覺，實際證到那個知覺的心念，就可以知道自己或他人心地中的種種情事。

在《瑜伽經》中，「心地」（chitta）和「心」（manas, mind）是有區別的。不要把「chitta」翻譯成「心」。一般人所理解的「心」，是那個心思活動，是大腦前額葉皮質的作用。「chitta」是「心地」（mind field），是「心」所有「場地」的總和，包括了前面所說的那七種無形的作用（法相）。

如果能完全明白並完全掌握自己的「知覺」，就能夠知悉別人的「知覺」。很多人出於好奇而想學讀心術，希望能有讀心術的本事，卻不肯先了解自己的心。多年以前，我住在美國的時候，有一個人跟著我學了一、二個月的靜坐之後，有一天他打電話給我，問：「你什麼時候才會開始教一些眞工夫？」我反問：「什麼是你所謂的眞工夫？」他說：「例如讀心術之類的。」我告訴他：「那你先去做一件事，去打開你鄰居的信箱，讀他的信件。」他大爲詫異，說這豈不是侵犯別人的隱私？我說：「第一，你覺得不應該侵犯別人隱私，所以不會去讀人家的私信。但你卻想學讀心術，去讀人家心中的念頭，就不會侵犯隱私嗎？第二，我們自己心中已經夠亂了，爲什麼還要把別人心中的紊亂加入自己心中？」他問：「那你究竟在教什麼？」我說：「我們教人從認識自己的心開始。」大家連自己的心都不認識，連上一分鐘心中起了哪些念頭都說不上來。連那都說不清楚，就不要想去讀別人的心。

譯按，斯瓦米韋達在《釋論》中摘述各家對此經不同的解讀，最後寫道：

我們以為，這一句經所講的「悉地」，主要是在得知別人的心念。其法是要先從專注於自己的心念開始，然後要「起意」（saṅkalpa），將那個三耶昧專注於（投射到）別人的心念上。在師徒口耳相傳的傳承中，是這麼教的。這是修練本經三耶昧的其中一個步驟。

知他心

III.20 na cha tat sālambanaṁ tasyāvishayī-bhūtatvāt

然而彼非對象，故非所依緣。

經文拆解註釋

na：非，不是

cha：而且，或者

tat：那個

sa-ālambanaṁ：有所依緣

tasya：那個的

a-vishayī-bhūtatvāt：非對象

全段白話解讀

然而那個能知他心，

所知的是他人的整體心念，

因爲此種三耶昧並非以個別具體的知覺心念爲對象。

我們無法在有限的時間內詳細解釋本篇的每一種悉地，只能摘要為大家解釋。因為就算你仔細研讀經文，也不會得到這些悉地。當然你們有些人會很失望，因為你寧可求這些悉地，反而認為解脫是無所謂的東西！

瑜伽士能知別人的知覺，例如能知此人的知覺中有受到「染色」（rāga），是紅色。但是瑜伽士不會把那個紅色當作自己心中的「依緣」（ālambana），他不會把那個心印、那個記憶帶入自己心中。（譯按，也就是說，例如能知道別人心中有貪念或有懼念，但不會知道所貪念、所懼怕的具體對象是什麼。但是有些論者不如此解讀。）如果你會讀心，別人心中的紅的、藍的，就會入侵你自己的心。但是對於一位眞正的瑜伽士，就不會發生這樣的情形。這是本經所要表達的主旨。

譯按，斯瓦米韋達在《釋論》中寫道：

有的《瑜伽經》註釋認為這一句經並非經文的原句，而是威亞薩的註釋文。這種看法是不正確的。這一句經是在進一步解釋前一句經所謂「知他心」的三耶昧，並非知道他人具體心中種種個別的知覺念頭，而僅是知道他人整體心地的狀態。要知道他人個別具體的心念，則是另一種三耶昧的修練。

能隱身

III.21 kāya-rūpa-saṁyamāt tad-grāhya-śhakti-stambhe chakṣhuḥ-pra-kāśhāsaṁ-pra-yoge'ntar-dhānam

行三耶昧於身之形，彼可見力受阻，與眼光無觸，則隱形。

經文拆解註釋

kāya-：身體（的）
rūpa-：形貌，色
saṁyamāt：（行）三耶昧
（kāya-rūpa-saṁyamāt）：行三耶昧於身體之形色
tat-：那個的
grāhya-：被執取，可被感知（的）
śhakti-：力
stambhe：停止，阻止
（tad-grāhya-śhakti-stambhe）：當那個的可感知之力被阻止
chakṣhus-：眼睛（的）
pra-kāśha-：光
a-saṁ-pra-yoge：無接觸
（chakṣhuḥ-pra-kāśhāsaṁ-pra-yoge）：當與眼睛之光無接觸
antar-dhānam：隱形，不見

全段白話解讀

由於瑜伽士行三耶昧於自己身體之形色，
身體的可見度受到抑制，
旁人眼中之光無法接觸到他的身體，
瑜伽士因而能隱形。

這裡牽涉到的觀念是我們能感受覺知的道理。你要重溫我們在解釋第一篇第41經所提到的，一切感官覺知作用的三角形：能執取者（grahītṛ）、執取（grahaṇa，感受覺知，包括執取之過程以及工具）、所執取者（grāhya，執取之對象，它具有「可被感知之力」〔grāhya-śhakti〕）。

瑜伽士專注（行三耶昧）於自己身體的形態，壓制了身體能被別人感知之力，也就是說抑制身體的可見度，從而阻斷了旁人的視力和自己身體的接觸，他就能隱形。記得很多年前，有部根據小說而拍攝的科幻電影叫做《隱形人》，不知作者是否讀過這句經。從感知的三角形而言，我是觀察者，我眼睛是觀察的工具，你的身體是我所觀察的對象。因爲你的身體是可見的（具有可被見到的力），所以我能見到你。假如你身體的可見度沒有了，我就見不到你。

這句經所說瑜伽士的悉地，是能夠抑制自己身體的可見力，讓旁人眼中之光無法接觸到自己的身體，所以見不到自己。佛教的文獻記載，大師寂天（Śhāntideva）爲了向弟子展示空相，他就在弟子眼前消失無形。

這種記載有很多。十二世紀時有位名爲阿拉瑪（Allama Prabh）的聖人，有一次遇到了另一位名爲苟若卡（Gorakśhanāth，也寫爲Goraknāth）的聖人。苟若卡是位神祕拿特（nāth）傳承的哈達瑜伽大師，能完全控制自己的身體。他們兩位決定比試一番，互相用劍去砍對方，看誰的工夫高強。苟若卡先把劍交給阿拉瑪，讓對方砍自己，結果劍無法砍進苟若卡堅強的身體。然後輪到苟若卡用劍去砍阿拉瑪，結果劍像是劈進水中似的，苟若卡只有服輸。

這些事蹟是否荒誕不經，你可以自行選擇信或不信。我們的上師斯瓦米拉瑪也有類似的事蹟，只在弟子之間流傳，我們就不談了。

有的瑜伽經在第21經（"色"的可見度受到抑制，所以瑜伽士可以隱身）之後，多了一句經，所以第三篇就成了56句經，全部瑜伽經的數目就成了196句。這多出的"第22經"是：

etena śabdadi antardhānam uktam

由此，聲等可隱已說。

etena：以此之故

śabdadi：聲等

antardhānam：消失，停止

uktam：已說

如同上一句經的道理，因此，聲、觸、味、香等對象亦可以隱去，等於已經說了。

譯按，威亞薩說，除了能隱形之外，瑜伽士也能用同樣方法讓人的其他感官無法覺知到自己，例如讓旁人聽不見自己、觸摸不到自己。

知死期

III.22 sopakramaṁ nir-upa-kramaṁ cha karma tat-saṁyamād aparānta-jñānam ariṣhṭebhyo vā

業報臨及未臨，行三耶昧於彼或惡兆，知死期。

經文拆解註釋

sopa-kramam：已進行，果報已啓動，已來臨

nir-upa-kramam：未進行，果報未啓動，未來臨

cha：以及

karma：業，行爲

tat-saṁyamāt：由於行三耶昧於彼

aparānta-：死亡

jñānam：知

ariṣhṭebhyaḥ：（由）惡兆

vā：或者

全段白話解讀

業報分爲已來臨，以及尚未來臨兩種，

瑜伽士行三耶昧於此兩種業報，

或是行三耶昧於惡兆，能知道自己的死期。

業報分為兩種：sopa-krama（sa-upa-krama）是已經開始成熟的業報，果報已經開展來臨。nir-upa-krama是業報成熟的過程尚未開始，果報尚未開展。

威亞薩比喻說，前者有如一塊濕布擰乾後平整地攤開，會快速乾透。後者有如一塊沒有擰乾的濕布，捲成一團放在一邊，會較慢收乾。前者有如引火於一堆乾草，在四周煽風，草堆很快燒成灰。後者有如逐段引火於一堆乾草，會較慢燒完。所以，業的成熟分為快和慢。

由於專注觀察業的成熟過程，知道哪些已經開始展現果報，哪些尚未開始，仍然處於潛伏狀態，而能夠實際證悟到業報的過程，得其中三耶昧，就能夠知道自己的死期（aparānta-jñāna）。瑜伽士因而能操控自己死亡的過程，選擇死亡的時間。但這仍然是有所限度的，並不是說可以無限延長自己身體的壽命，因為身體還是要受到物理和化學法則的限制。儘管你可以用某些特殊修練暫時控制疾病，但是你終究無法克服自然的法則。

另一個可以專注觀察而得知死期的是「惡兆」（arişhṭas）。斯瓦米拉瑪曾經寫過一本名為《超越生死的奧秘》（*Life Here and Hereafter*）的書，是在講解《卡塔奧義書》（*Katopanişhad*，譯按，這篇奧義書的主題就是死神閻魔〔Yama〕對少年納奇克塔透露死亡的祕密）。原版的書中有一個附篇，列舉了十三個主要的徵兆（arişhṭa），如果觀察到它們，就表示其人離死期不遠。

威亞薩在解釋這一句經時舉了三類惡兆：

- 自身的（ādhyātmika），例如壓住耳朵聽不見內在的音聲，壓住眼睛看不見有光。
- 外來的（ādhi-bhautika），例如見到死神閻魔的使者，或者無端忽然見到已逝去的先人。
- 天象的（ādhi-daivika），例如無端忽然見到天界中或是遠古無身形的仙聖，或者見到一切事物都變得和現實相反。

不要試！你們都沒事的！（譯按，此時可能聽課的學生開始在自身實驗。）

有人問，懂得這些有什麼用處？譬如說，如果你是位醫生，可能會有所幫助。或者，當你要爲人治病時也有用。當年，斯瓦米拉瑪教我如何用咒語爲人治病，不過他警告我，不要用於末期患者。他說，自己曾經試著救助一位末期患者，結果他要花七年的時間才能把自己受到的影響完全清乾淨。所以他告訴我必須懂得這些徵兆。

得慈力

III.23 maitry-ādiṣhu balāni

於慈等生力。

經文拆解註釋

maitrī-：愛，慈，友慈

ādiṣhu：等等

balāni：力

全段白話解讀

行三耶昧於慈、悲、喜諸德，能得其力。

maitry-ādiṣhu是專注於「慈」（maitrī）「等等」（ādi）德行。就是專注於第一篇第33經說我們該培養的心態，由三耶昧而得到每一種德行的法「力」（bala）。但是在那一句經中列舉了四種該「培養」（bhāvanā）的德行：慈（maitrī）、悲（karuṇā）、喜（muditā）、捨（upekṣhā），而威亞薩說，這一句經只適用於前三種德行，不包括「捨」在內。他說：

- 對於在安樂中的人，要培養慈心，能得其中三耶昧就可以發起友愛之力。
- 對於在不安樂、遭受苦痛中的人，要培養悲心，能得其中三耶昧就可以發起悲力。
- 對於有德之人，要培養喜心，能得其中三耶昧就可以發起喜力。

這一句經所說的三耶昧，就是由於培養這些德行的心態而得「悉地」。由此而起的法力會成為無可阻擋、無所不能、無所不成的大「精進力」（vīrya）。從而，在人生一切領域都能夠成功，是對治恐懼以及失敗的良方。這句經所說的「力」是非常強大的，能化解周圍之人的怨氣，即使有人拿著刀要傷害你，你仍然能無所懼，面露和善的笑容，他就會放下武器。這是眞的，而且有很多的事例。

爲什麼第一篇第33經的第四種心態，對無德之人不起分別的「捨」心，不包括在本經之內？因爲「捨」是要放捨分別心，它本身不是一種能夠「專注」的對象，不是一種「所依緣」（ālamban）。它不是一種「培養」的心態，所以就沒有「禪那」以及「三摩地」可言，自然也沒有三耶昧可言。

佛教中有所謂的「慈觀」冥想靜坐，是一種非常有力的修行法門，與這一句經非常接近，而且比《瑜伽經》講得更爲詳盡。我們喜馬拉雅瑜伽傳承中也有這一個法門，就是來自佛教。附帶一提，根據我們做過的腦波實驗顯示，持咒靜坐、觀呼吸靜坐和做「慈觀」靜坐時，所呈現的腦波狀態都不相同。這是另一個題目。

譯按，斯瓦米韋達在他寫的《釋論》中說道，讀這一句經必須要先研讀《瑜伽經》第一篇第33經，也就是佛教所稱的「梵住」（brahman-vihāra）。南傳佛教的《清淨道論》（*Visuddhi-magga*）中，對如何修行梵住有非常詳盡的教導。

斯瓦米韋達說過，《瑜伽經》第一篇第33經是最重要的心地淨化法門，稱爲「淨業」（parikarma）。覺得自己定不下來，定力不夠的人，最有效也是最根本的對治之道，就是要行「慈悲喜捨」觀，讓心地清明愉悅（chitta-prasādana），方能得定得止。請讀者參閱《瑜伽經白話講解．三摩地篇》的附錄2〈清明愉悅心〉。斯瓦米韋達在其中引述了佛教

《成就法鬘》（*Sādhana-mālā*）中一段對慈悲喜捨這四「梵住」觀想法門。此外，《瑜伽經白話講解・行門篇》附錄3〈無畏禱〉，就是類似「慈觀」的一種存想方式。

得象力

III.24 baleṣhu hasti-balādīni

於彼力得象等力。

經文拆解註釋

balеṣhu：（於）那些力

hasti-：大象

bala-：力

ādīni：等等

全段白話解讀

行三耶昧於諸般力，

能得如大象等等之力。

由於行三耶昧於種種的「力」，就能得到如大象一般之力。如果專注於風，就能得到如風一般之力。近代的人中，我知道至少有兩位是如此，一位是聖雄甘地，當他快步行走時，旁人都跟不上他。另一位是叫做烏瑞亞巴巴（Uriya Baba）的聖人，他有好多名字，沒人知道究竟哪個是眞名。烏瑞亞的意思是能飛的人，他走起路來似飛一般快。

得遙視

III.25 pravṛitty-āloka-nyāsāt sūkṣhma-vyavahita-viprakṛiṣhṭa-jñānam

深注光照所布，知細微、隱蔽、遙遠。

經文拆解註釋

pra-vṛitti-：（由於）深度專注（於細微之感官對象）

ā-loka-：光

nyāsāt：（由於）放置、投射

(pravṛitty-āloka-nyāsāt)：（由於）將深度專注之光投於對象

sūkṣhma-：精微，細緻

vi-ava-hita-：隱蔽

vi-pra-kṛiṣhṭa-：遙遠

jñānam：知

全段白話解讀

由於以極深專注之光照於所專注之對象，

即使極細微、極隱蔽、極遙遠之對象也能知曉。

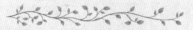

特別提醒大家，我注意到你們有的人把梵文 ṛ 這個字讀錯了，講印地文的人常會把它讀成 ri ，而別的印度地方語言中會讀成 ru 或是其他讀音。（譯按，斯瓦米韋達示範正確讀音，近似中文普通話「日」輕聲讀音）。

這句經第一個字「pra-vṛitti」，我們在學習《瑜伽經》第一篇第35經時見過。它不是傾向、習慣的意思，而是pra-kṛiṣhṭā vṛittiḥ（強烈的心念、專注的心念），心中一個念（vṛitti）非常強烈，成爲一種專注。在該句經中列出幾種專注的例子，例如專注於舌尖、鼻尖。大家務必要回頭去溫習。

ā-loka是「光」。pravṛitty-āloka-nyāsāt是說，經由心念專注的光明之「投射、放置」（nyāsa），就能知曉（jñāna）極細小（sūkṣhma）、極隱蔽（vyavahita）、極遙遠（viprakṛiṣhṭa）之對象。第一篇第36經把這個「光明」稱爲jyotiṣhmatī，有極深奧的意涵，能夠去除憂苦，大家也要回頭溫習。該句經所說的那種成就是極高的境地，相較之下，所謂什麼「遙視」、「天眼通」之類都不足一談。

就現在這句經而言，你能做到第一篇第35經所說的強烈專注時，會生出一種光明，那不是有形的光，不是外在的光明，而是心光，是布提之光，是悅性之光。所謂「投射」這光，不是說如同投擲飛鏢似的將光投射出去，我個人的經驗是要讓這光和你所要知曉的對象合一。這就不是空講理論能夠明白，是要實證的。例如，要知曉那極細微或極遙遠的對象前，先專注觀想自己心穴中有個水晶鏡，然後用眉心輪中心點所發起的光投射心中那面鏡子，在照亮的鏡中可以見到你所想知曉、想見到的對象。你是在自己內在那個地方去見，而不是在身外去看。練這種三耶昧的人，連別人在隔壁房間寫什麼字都可以見到，但是我告訴你，你起了好奇心想去看這些，就肯定會走入岔路！

當年在美國的物理實驗室中，他們要我把注意力放在一股射出的量子光束上，他們測出量子光束因而受到干擾，所以問我是怎麼辦到的。我說這沒辦法教。而他們以為我是把心念投射到那個釋出量子光束的儀器中去影響它。然後他們又讓我做別的測試，要我把心專注在儀器上。我告訴他們，我完全不用去理會那些儀器，可是儀器會反映出我的心念。

這些小小的「本事」沒什麼了不起，你們可不要因此荒廢了持咒等這些該做的工夫，轉而去練那些能偷看別人隱私的東西！

譯按，斯瓦米韋達於2006年在美國著名的「知性科學研究院」(Institute of Noetic Sciences) 實驗室中接受測試，實驗的主持人是拉定博士 (Dr. Dean Radin)。實驗的假設前提是量子理論中的一個所謂的神秘現象，就是：光究竟是波還是粒子，並不是絕對客觀的，會因爲它是否被人觀察而產生不同的狀態。換言之，意識的主觀因素會影響到客觀現象。拉定博士在研究報告中寫道：「幾乎所有量子力學的創立者，像波爾（Niels Bohr）、普朗克（Max Planck）、海森堡（Werner Heisenberg）、薛丁格（Erwin Schrödinger）都討論過這個神祕的現象，要如何量測它則是一個挑戰……有些學者認爲意識不僅重要，它其實是現實所以存在的根本……觀察不僅僅會干擾到所測量的現象，觀察是形成現象的原因」。

這個實驗是將一部邁克森干涉儀（Michelson Interferometer）放置在一間重達兩千磅的法拉第倉（Faraday chamber）裡面。由干涉儀產生低強度的雷射激光。法拉第倉是由雙層鋼鈑牆所構築，密閉不透光，有防震阻尼保護。斯瓦米韋達坐在法拉第倉外相隔兩公尺之處進入禪定，他被要求試著先發出意念去阻擋倉內儀器中射出的光子束，然後收回如此的意念。如此收、放，一共進行了九回合。

拉定博士發現到光束的亮度在斯瓦米韋達做出意識干涉時，會記錄到相對應的變化。而在對照的實驗中，無人對光束做意識干涉，或是其他人試圖對光束做出意識干涉，則沒有如此的變化。他說，這個現象只是一種巧合的可能性，機率是一億兩千三百萬分之一。完整的學術報告刊載在《發現》期刊（*Explore*，January/February 2008, vol.4, No.1, pp.25-35）。

問題是，理論上法拉第倉的構造是能夠完全隔絕任何外在光線、震動、電磁波的干擾，斯瓦米韋達究竟如何身在倉外卻只用心力就能影響放在密閉倉內的一部儀器。他在《釋論》中說：

我所使用的方法，就是這一句經所提到的方法。但是單單讀懂經文中所寫的方法，還是學不來的，必須得經人有系統地帶領走過所有的步驟。本書作者從事這個功法已經有七十七年之久。簡單地說，我不是將那個「極深專注之光」（pravṛittyāloka）投射到干涉儀的光子束。但我是如何集中於「極深專注之光」並且將心識擴充，無法在此解說。光子束和「極深專注之光」是在某一個心識的中心處合而爲一，我是在那個中心處用意志去改變光子束。這個「用意志」的觀念，就是「作意」（saṅkalpa），它扮演了關鍵角色。除非我們能把「作意」在腦中的作用予以量化，否則這整個過程是無法完全用科學的語言來表述的。

只有在 ——

- 如實理解什麼是「作意」（saṅkalp）、「專注」（dhāraṇa）、「存想」（bhāvaṇā），而且能用科學手段定義出它們是腦的作用以及心識的狀態；
- 極度放鬆狀態下實際經驗到「極深專注」，並且經驗到那光明（jyotiṣhmatī）是「光」（āloka）；
- 這個「光」是在禪定中放置於那個所專注的對象之上，而那個對象已經無形地置入我們內在。

之後，才能理解這一句經，才能理解前述實驗的意義，並且以科學方式來定義和描述它。

譯者見過，也聽過稚齡兒童很容易就學會類似這種「遙視」乃至「遙控」的技巧，但是請記住斯瓦米韋達的警語，這是一種岔路。尤其對於兒童很可能造成心理和精神上的傷害。

知宇宙

III.26 bhuvana-jñānaṁ sūrye saṁyamāt

三耶昧於日，知世界。

經文拆解註釋

bhuvana-：世界（之）

jñānam：知識

sūrye：太陽（之）

saṁyamāt：（由於）三耶昧

全段白話解讀

由於專注於太陽得三耶昧，

能知所有世界。

你可不要把這句經解讀成站在戶外凝視天上的太陽，專注於太陽，因此能知道所有宇宙世界的奧祕。這麼做，你不但不會得到智慧，而且小心傷到視力。威亞薩說是要專注於中脈的「日門」（sūrya-dvāra），是頭頂上中脈終點的囟門（brahma-randhra）。如果你專注於日門，就能得所有宇宙的知識，太空宇宙專家都要來向你請教。或者，由於能專注於日門，你臨終時就能由此處離開肉身，進入永恆的覺識中。你為了什麼目的而行三耶昧專注，就會得什麼果。你求鑽石，就得鑽石。而你也可能得到石頭。這個宇宙（brahmāṇḍa）是什麼？是好多在飛行的石塊。你要石頭，就得石頭。或者你可以是為了最高境地的捨棄肉身之法而行三耶昧於日門。（譯按，斯瓦米韋達曾多次提到，這是瑜伽士臨終的走法，他自己也要做到在臨終時由頂上的「太陽門禁」穿透而出。他描述過當年斯瓦米拉瑪曾經引導一位臨終的美國老婦由頂門離去，斯瓦米拉瑪要他把手放在婦人頭頂，他確實感到婦人的頭骨接縫處在他手中張開。）

威亞薩在註釋這句經的時候，列出了一層又一層的宇宙世界，洋洋大觀，可以說是宇宙地理學，我相信《國家地理雜誌》的編者會斥之為無稽之談，天文學家也不會認同其中的說法。我們要明白，古代印度哲人的宇宙世界觀，指的不是肉眼可見的宇宙世界。有一本好書名為《密法的內在朝聖之旅》（*Inner Pilgrimage of the Tantras*），其中有一章附有地圖，列出了印度境內所有聖地（津渡，tīrtha）之所在，以及這些具體的聖地所代表的形而上的意義。我很喜歡讀這位作者所寫的書（譯按，該書作者Mark Dyczkowski是近代喀什米爾希瓦〔Kashmiri Śaivism〕密法最後一位大師的弟子）。

古人所描述的宇宙世界，都是用隱喻的文字所寫成，門外漢是無法領會的。像「太陽」（sūrya），就不是我們以爲在天上的那個太陽。我們無法在此多談。

譯按，威亞薩對宇宙世界的描述，與佛經中的描述極爲近似，例如世界共有七層，我們這個世界叫做地界，是第一界。往上第二界是星宿界，分二十七星宿。第三界是天界，由帝釋天所統領。其上還有六界。地界之下還有七界，七地獄。地界是由七個洲所構成，中央是須彌盧山，其頂是銀、綠寶、水晶、金等珠寶，因此反映出南方天空是深藍色，東方是白色，西方是透明，北方是黃色。太陽環繞須彌盧山，造成日夜。地球也叫瞻部洲，下又分九州。瞻部洲由鹽水海所環繞，其外一層山一層海……。

斯瓦米韋達在《釋論》中並沒有將威亞薩對這一句經所寫的註釋全文翻譯，他認爲其中關於宇宙世界論的一段，有可能是後人冒威亞薩之名增補，況且這和瑜伽修練沒有直接關係，所以他只是摘要提出來討論，並且引述了其他經典的記載來對比。傳統上，印度哲理主張，宇宙都反映在人身中，例如斯瓦米韋達教大家在持〈蓋亞曲〉（gāyatrī）神咒正文之前有七個種子字（bhūḥ, bhuvaḥ, svaḥ, mahaḥ, janaḥ, tapaḥ, satyam）是代表了七層世界，要配合呼吸觀想所對應在脊柱上的七個脈輪。可是威亞薩這一段對宇宙世界的地理描述，究竟是對應人體哪個部分，依斯瓦米韋達所引用的諸家學說，是眾說紛紜。所以他決定不做全文翻譯，但是他建議了幾位作者的翻譯版本（如J.H. Woods, B.D.Basu, T.S.Rukmani，他們只翻譯了威亞薩的全文而沒有解說），讀者可以自行閱讀。

重點是，斯瓦米韋達認爲威亞薩關於專注於「日門」的修練方法沒有爭議，應該是他寫的原文。

知星位

III.27 chandre tārā-vyūha-jñānam

於月，知星辰排列。

經文拆解註釋

chandre：（於）月

tārā：星辰

vyūha-：排列，分布

jñānam：知識

全段白話解讀

由於專注於月亮得三耶昧，
能知所有星辰的排列分布。

你專注凝視月亮，就能知曉所有星辰的分布情形。上一句經中的太陽不是天空中的太陽，這一句經所稱的月亮，也同樣不是地球衛星的月球，而是內在的月。星辰也是內在的，能知曉的是內在星辰的光的分布。但是，宇宙一切都對應在自身中，因而也會知曉宇宙中星辰的分布。

在瑜伽修行中，有很多法門是要專注於月輪的，例如對於喉嚨痛的人，可以讓他在呼吸時觀想喉部有一輪明月，症狀就可以有所舒緩。

知星行

III.28 dhruve tad-gati-jñānam

於北斗，知彼等之運行。

經文拆解註釋

dhruve：（於）北極星

tad-gati-：它們的運行、移動

jñānam：知識

全段白話解讀

由於專注於北極星得三耶昧，

能知曉所有那些星辰的運行情況。

上一句經說行三耶昧於月，能知曉「星辰分布」（tārā-vyūha）。這一句經是說行三耶昧於「北斗星」（dhruva），能知曉星辰「它們的運行」（tad-gati）。這同樣也有內在星辰和外在宇宙星辰兩種意義在內。

有的修練方法是由外而內，例如，有人會主張在滿月時凝視天上的月亮，就能得到無比的靜定。我說，儘管去做。不過你會用上很長的時間，那是走遠路。從自心著手，由內而外，才是捷徑。大多數人在解釋這一句經時，都說是專注於天上的北極星，當然可以。無傷。只是走了遠路而已。

剛才有人問，在做對內凝視時，是否可以睜開眼睛做？

但你爲什麼要睜開眼呢？如果你在心中專注，眼睛自然會閉上。

問：哈達瑜伽的凝視法（trāṭaka）**是否有害？**

答：任何的練習法門，如果用錯了方法，讓不適合的人練，都會帶來傷害。例如心臟有問題的人，尤其是心臟較弱的人，就不適合練凝視法。

問：外在的月和內在的月，哪個當作專注的對象比較好？

答：專注自己內在的月輪當然比較好。外在那個月球的光，不過是陽光的反射。我沒有說不要去凝視天上的月亮，不過現代人如此忙碌，我是告訴你還有捷徑可以走。即使你常住在我們學院中，每天可以用來持咒、靜坐、爲學院從事服務的時間，都已經很有限了，哪有太多時間去凝視月亮？古時候的人住在深山密林中，不像現代人這般忙碌。時代不同，要曉得變通。或許你說我未來三年什麼事都不幹，就專門去從事凝視修練。我告訴你，如果你眞有三年的時間，也決心要做專修的話，專注於內在的月輪所得到的效果會十倍於凝視天上的月亮。

問：內在的北極星在哪裡？

答：在額頭後面的頭顱內，你要知道怎麼找到通向它的路徑。

問：如果專注於中心的太陽，會有什麼結果？

答：如果你要專注於外在的太陽，那就視乎是哪一層世界而定，每一層世界都有一個中心太陽。如果你專注於這個銀河系的中心太陽，你就會知曉這個銀河系。

｜知自身｜

III.29 nābhi-chakre kaya-vyūha-jñānam

於臍輪，知身結構。

經文拆解註釋

nābhi-chakre：（於）臍輪

kaya-：身體（的）

vyūha-：分布，結構

jñānam：知識

全段白話解讀

由於專注於肚臍脈輪得三耶昧，

能知曉身體之結構。

有很多學者說《瑜伽經》不談脈輪和昆達里尼，其實不然。爲此我曾經寫過一篇專論，收錄在《釋論》第二輯中。例如此處這一經就提到了脈輪。

任何的結構、分布、排列，都叫做vyūha，譬如軍隊的布陣，是這個字。星宿的排列也是。同樣地，身體的結構也叫做vyūha。

這一句經所強調的似乎是生理的身體（粗身）結構，但是你更深入的話，就會牽涉到細微身。

譯按，斯瓦米韋達在《釋論》寫道：

肚臍是上行氣和下行氣交匯的中心點，所以專注於臍輪，可以知曉身體的一切構造，包括身體的三種體質特性、七種成分等。

至於該如何行三耶昧於任何脈輪，則是一個實修的題目，必須由有經驗之老師帶領學習。在口傳的傳承，這有幾個要點：

- 要利用呼吸導引，由特定的路徑去到脈輪的中心點。
- 需要知道每個脈輪的特殊咒語，配合特殊的呼吸技巧。
- 要能觀想出脈輪的圖像、脈輪中心的種子字、脈輪每個花瓣上的梵文字母。

- 特殊用途的觀想法，例如觀想肚臍中心有一苗紅色的火焰燃起消化之火。

止飢渴

III.30 kaṇṭha-kūpe kṣhut-pipāsā-nivṛittiḥ

於喉井，止飢渴。

經文拆解註釋

kaṇṭha-kūpe：（於）喉之井

kṣhudh-：飢餓（的）

pipāsā-：渴

nivṛittiḥ：阻止，不生

全段白話解讀

由於專注於喉部之井得三耶昧，能止飢渴。

這裡所謂的「喉井」，有很多學者照字面解釋成是在喉中食道的位置，但是根據口授傳承，則是在舌根下方的位置。你們可以做個實驗，先含一口水在嘴中，將注意力集中在喉部下方凹陷處。繼續集中注意力在那個地方，同時試著吞嚥口中的水。你會發現你無法吞嚥。這個小小的實驗，表現出喉輪意識中心和吞嚥的反射行爲是有密切關聯的，而這與飢餓及口渴的感覺是分不開的。

當你不方便或者不能夠進食喝水的時候，如果懂得運用這個專注之法，就能夠暫時抑制飢餓及口渴的感覺。瑜伽士在靜坐時，偶爾也會用這個辦法，但是在山區岩洞中長期苦修的瑜伽士，則是服用一種特殊的草藥，讓身體只釋放出細微的能量剛好夠維持生命，所以能夠長時間不飲食。

有人問，前面經文提到過細細深思，行三耶昧於慈、悲、喜等心態，這種修行法門是否和禪宗的參究公案類似？禪宗的參究公案和吠檀多哲學中的「思究」（vichāra）類似。「思究」是做工夫的步驟之一，是「周遍思維」（nididhyāsana）的前行步驟。中國傳統中，本來就有這種做工夫的方式，菩提達摩將中國和印度做工夫的方法融合起來，在中國建立了禪宗，後來陸續收集成許多所謂的公案，是讓人由苦思疑義而開悟的一種辦法。例如公案說，「河流是靜止的，在流動的是河岸」，「見佛前來則殺之」，你必須苦苦參究，這些看來沒有道理的話語，究竟在說什麼。

公案是幫我們打通思想的淤塞，打破心念原本的框架限制，讓我們能夠超越淤塞和框架。這和《瑜伽經》屬於不同的系統。《瑜伽經》的三耶昧是專注，集中心力於某個對象。參究公案不是專注，而是沉思默想，是一種思慮的過程，有點像是邏輯思維的冥想法。《吠陀》中也有類似的話語，例如：「無骨的在撐有骨的。」蘇菲教派的神祕主義詩人卡比爾（Kabir）的詩中盡是這種語言，例如：「螞蟻抓起大象，將大象摔出去。」這些表面看來矛盾的語言，其實是不矛盾的。多年前，我還曾經就「矛盾」這個題目做過一系列講課。這種思究的方式並不是禪宗所獨有，只不過在禪宗裡這種語言方式特別多。

得靜止

III.31 kūrma-nāḍyāṁ sthairyam

於龜脈，則穩固。

經文拆解註釋

kūrma-nāḍyāṁ：（於）龜脈

sthairyam：穩固

全段白話解讀

由於專注於龜脈得三耶昧，

能穩固得止。

這裡所謂的「龜脈」（kūrma-nāḍi），是位於前一句經的「喉井」之下、心輪之上，在這兩者中間的區域。許多論者說龜脈是從喉輪到心輪的區域，甚至還有人主張它的位置是在喉輪之上。我們從實證經驗得知，龜脈和心輪不同，但是兩者有密切的關係。專注於心輪從而能夠靜止，實際上是因爲專注於龜脈而來。可以說是由身體的靜止導致心念靜止，也可以說是由心念靜止導致身體靜止。

這裡所說的靜止，不是指體式的靜止悉地。體式的悉地（āsana-siddhi）主要有五個方法。第一是情緒心態（bhāvanā）的穩定，情緒不穩定的人，一會兒高興，一會兒不樂，這樣的人靜坐時就無法久坐。第二是恩賜加持（kṛipā），由嘎內夏（Ganesha，象頭神）賜予悉地。第三是鬆勁（prayatna-śhaithilya），以及融於空（ananta-samāpatti），我們在讀第二篇第47經時講過了。第四是根淨化（ādhāra-śhuddhi），淨化自己的根基脈輪（海底輪），如果身體根基這個部分不穩，就會動盪不安。這與第二的嘎內夏加持其實是一回事，因爲嘎內夏是根基輪內的神明。第五是本句經所說的龜脈。情緒淨化以及專注於龜脈這兩者也有連帶關係。這就是初學者的靜坐體式能夠達到穩定的五個方法。

至於哪種人該使用哪種靜坐法門，或是該用哪種別的法門，則要視乎那個人的本性、習氣與資質（程度）而定。

|見仙聖|

III.32 mūrdha-jyotiṣhi siddha-darŝhanam

於頭之光，睹悉達。

經文拆解註釋

mūrdha-：頭部（之）

jyotiṣhi：（於）光

siddha-：悉達，神人，有悉地成就的大師

darŝhanam：覲，見

全段白話解讀

由於專注於頭頂放出的光明得三耶昧，

能見悉達大師。

《瑜伽經》第一篇37經「心地以那些已經沒有任何貪戀執著的聖者爲對象」(vīta-rāga-viṣhayaṁ vā chittam)、第二篇第44經「自行修習，所以能和自己所供奉的神明相應」(svādhyāyād iṣhṭa-devatā-samprayogaḥ)，和這一句經應該一起研讀，這三句經都是說「悉達」(siddha)給予恩賜，爲你示現。

你要明白，專注於某個脈輪或其中的光明，必須要透過一定的途徑才能進入，不是直接去觀想那個脈輪就可以做到的。這句經所謂頭部的光明，是由頭頂囟門所透出來的光。在我們頭顱內部有一粒很細小、像是鑽石一樣會放光之處，你要知道路徑才能進入。入口在鼻端人中頂點，然後順著鼻樑進入。將來我會引導你們怎麼進去。不是你一坐下來，想像頭中有光明就可以辦到的。我可以告訴你，從入口去到那個光明點，看起來不過幾寸距離，做起工夫來可是一條很遙遠的路。這個光來自中脈，不是物質身體的光，也不是圖像中常見到的頭頂一苗火焰，這兩者是不同的。

「悉達」是已經化掉肉身的神人，他們遊走於天地之間，以光的形態存在。他們已經捨棄肉身，不再視肉身爲自己。例如，印度很多人所信奉的巴巴吉(babaji)，就是如此的神人。你能專注於自己頭頂囟門內所放出來的光而得三耶昧，就能見到他們。沒有經驗過的人，自然會懷疑這個說法的可信度。

知一切

III.33 prātibhād vā sarvam

或以靈光得全體。

經文拆解註釋

prātibhāt：（經由）直覺閃現

vā：或，以及

sarvam：全體，一切

全段白話解讀

或者由於直覺靈光一閃，

知曉一切。

這一句經要跟之後的第36、52、54經一起研讀。

「直覺智光」(prātibha)這個字分爲兩個層次。較淺層、較外層的直覺，是第36經所說明的。較深層、較內層的直覺，就是第54經中所謂的tāraka(能渡者，解脫智)，那是發自布提。希望你們組織讀書會去討論其中的關聯所在，然後將自己的心得理解寫下來，不肯做就是智力懶散的表現。你肯去做，有一天你就可以自己爲《瑜伽經》寫一本釋論。我說過，釋論多半是大師講解《瑜伽經》的紀錄，也有的是弟子聽了大師講解之後將自己的心得寫出來的。

直覺的智慧是一閃而現，是來自布提，不是由學習教導而來，不是由以往累積的知識而來。這個直覺智光是「明辨」(viveka)智慧來臨之前的光明，有如日出之前的曙光。什麼是「明辨」?是終於能辨別區分「布提」和「本我」是二，不是一。

靈光一閃，全體現。由於直覺智慧光，所有我們講過的悉地都能自動發生。瑜伽士因此能知曉一切。

識自心

III.34 hṛidaye chitta-saṁvit

於心，解悟心地。

經文拆解註釋

hṛidaye：（於）心

chitta-：心地（的）

saṁvit：解悟，明白

全段白話解讀

由於專注於心穴，

能解悟心地。

這一句經也是要和第一篇的第35、36經一起研讀。威亞薩說，「在這梵城（brahma-pura，神的居所）之中，是『達哈拉』，那是蓮花形，是個穴室。」他說的「達哈拉」（dahara，字面意義是「狹縫」），指的是心穴。這是一個術語，我曾經寫過一篇專論探討「達哈拉」。在《歌者奧義書》（*Chhāndogya Upaniṣhad*）中，也用了幾乎完全相同的方式形容它。《梵經》（*Brahma-sūtra*）也提到它，而商羯羅大師爲此也寫了非常詳盡的註釋，說「達哈拉」就是至尊伊希伐若（parameśhvara）。在口授的實修傳承中，「達哈拉」是心內巨大的空間，心的蓮花脈輪就在其間。

威亞薩說，「在達哈拉內，有實證知識。由於行三耶昧於此，能證悟心地。」實證知識（vi-jñāna）不同於知識（jñāna），後者是理論上的知識，前者是實際經驗到、證悟得來的知識。在今日的印地語言中，vi-jñāna所指的是科學，是經由實驗、觀察而得來的知識，與經典中的意義不盡相同。我們經由專注於達哈拉，可以完全了悟自己整個心地。

｜知本我，感官利｜

III.35 sattva-puruṣhayor atyantāsaṁkīrṇayoḥ pratyayāviśheṣho bhogaḥ parārthatvāt svārtha-saṁyamāt puruṣha-jñānam

悅性本我全然分離，因此爲彼對象故，認知混同而生受，行三耶昧於自，知曉本我。

經文拆解註釋

sattva-：（布提之）悅性
puruṣhayoḥ：本我
atyanta-：全然
a-saṁ-kīrṇayoḥ：分離，不混同
pratyaya-：知覺，認知
a-viśheṣhaḥ：無別，無區別
bhogaḥ：感受，經驗
parārthatvāt：（因爲）爲他，做爲他者的對象
svārtha：自己的
saṁyamāt：（由於）三耶昧
puruṣha-：本我
jñānam：知識

全段白話解讀

布提悅性和本我是全然分離的，
但是因爲悅性是本我之對象，
所以在認知上將兩者混合不予區別，
那就是我們所稱爲的感受經驗；
由於行三耶昧於對本我自身之認知，就能知本我。

這句經很長，有的《瑜伽經》版本的文字略有不同，但義理是一樣的。這是我很喜歡的一句經。

這裡的「悅性」（sattva）指的是布提悅性，因爲布提最明顯的質性是悅性。布提和「本我」（puruṣha）的本質是完全不同的，也是分離的。但是當它們非常接近時，在「認知」（pratyaya）上就將它們混同，以爲沒有區別，於是就會把布提的「感受經驗」（bhoga），以爲是本我在感受經驗。我們目前都是如此。

爲什麼會發生這種誤認？因爲「爲他」（parārthatva），就是說布提本身是「所見對象」（dṛiśhya），是爲了本我這位「見者」而有。布提是「原物」（prakṛiti）所衍生，所有的原物都是爲了服務本我而有。從這個觀點而論，你可以說原物是完全無私的，它一切都是爲了本我。而本我是極度自私的，它一切都是爲己。布提所提供的服務，就是將感受經驗提供給本我，而本我其實無所或缺，也不會受到這些感受經驗所影響。但是我們都將兩者混爲一。

因此，若是能夠行三耶昧於本我「自身」（svārtha），不要被「爲他」的原物所蒙蔽，就能知曉本我。你要明白，這仍然是一種悉地，不過相對是較爲可取的悉地。你要怎麼求這個悉地？實際的做法是，任何東西、覺受、境地，只要是原物，就告訴自己；「我不是它！」問題是，「我」究竟是什麼？

例如，你做大休息式的放鬆法，覺得好像身體都不見了，但是你仍然有覺知。你就要抓住那個「覺」，不斷地回到那個「覺」。然後你要繼續再問，「我」是什麼？如此你會一步步地深入。這就是在做自我專注，要專注於本我的「唯覺」（chaitanya-mātra），本我的「覺」是自覺，只能覺知它自己，沒有任何別的東西可以覺知它，只爲了覺知自己而有。絕對自私，不是嗎？除此之外，你別無他法。你在泰姬陵跌跤了，手可以撐著大理石地面站起來。若你跌進泥沼，就只好撐著污泥站起來。這是我的座右銘。而我們現在學習這些經句，就像是把你的手放入泥沼。

譯按，斯瓦米韋達在《釋論》中寫道：

值得注意的是，威亞薩在這一句（35經）以及上一句第34經，二度引用了吠檀多哲學的《奧義書》。我們是否可以由此假定威亞薩是同意《奧義書》的主張：「梵」是不二的？或者，他是將所引用的《奧義書》段落，解讀成合乎數論哲學對「本我」的定義？我們將這個疑問留給學者們來討論好了。

總結這一句經，我們引用斯瓦米哈瑞哈若難達爲此經所寫的解讀摘要分段如下：

- 「見者」（本我）不是布提能見之對象。

- 「見者」爲自己之目的而存在，不是爲了服務他者（不像原物以及原物之衍生物布提，都是爲了服務本我而存在）。
- 因爲本我之倒影落入布提的鏡面中，顯得這個倒影似乎是眞正之我，其實不然。
- 對著這個倒影的我行三耶昧，乃至證悟了這個倒影的我，這個結果本身並不會帶來證悟本我（或者說實證本我）。
- 證悟本我時，本我自己就是冥想的對象（sva-ātma-ava-lambana），也是在冥想者（觀想者），也是用作冥想的工具，這些都是它自己的（sva），它是它們的主人（svāmin）。

知本我，感官利

III.36 tataḥ prātibha-śhrāvaṇa-vedanādarśhāsvāda-vārtā jāyante

由彼，直覺、聽、觸、視、味、嗅覺顯現。

經文拆解註釋

tataḥ：（由於）那個

prātibha-：直覺

śhrāvaṇa-：聽覺

vedana-：觸覺

ā-darśha-：視覺

ā-svāda-：味覺的

vārtāḥ-：嗅覺的

jāyante：顯現

全段白話解讀

由於上一經之三耶昧，

直覺、聽覺、觸覺、視覺、味覺、嗅覺之力顯現。

這裡提了六種悉地。有些註釋說，這些是證悟了本我之後才有的悉地，但這個看法是不正確的。這些是當你「行三耶昧於自身」（svārtha-saṁyama），了悟到布提悅性和本我原來是分離的，也就是在離最終證悟本我還差一步時，會生起的悉地。

威亞薩說，「由於喚醒了直覺悉地，所以能知細微、隱藏、遙遠、過去、未來。」細微、隱藏、遙遠、過去、未來，這五個是我們的感官之所以無法覺知對象的原因。例如太微小的物件，我們的眼睛看不見。如果我們的眼睛與對象之間被障礙隔開，物件是隱藏的，我們就看不到。我們也看不到太遠的物件，以及存在於過去和未來的物件。

「聽覺悉地」是能聽見天界的音聲、聽見仙樂。「觸覺悉地」是能感觸到天界的物件。「視覺悉地」是能看見天界形象、看見天人。「味覺悉地」和「嗅覺悉地」是能嚐到天界的美味、聞到天香。這些在第一篇第35經也提過。

有人問，這是否也會發生在上師與弟子之間。我們的上師斯瓦米拉瑪的招牌香味是沉香，他一來過你就可以聞到沉香味，很多弟子都有類似的經驗。對真正虔誠的弟子而言，自己跟上師似乎是合一的，會感覺到自己和上師是同一個形態。有時候，弟子開口說話，別人會覺得是聽到上師在講話。但不是任何時候都如此，而是只有當弟子與上師心靈合一時才會發生。

有人問，這一篇所列出來的種種悉地，是否有一定的先後發生順序次第。我認爲其中有些是有一定的邏輯，有些就不是那麼明顯。例如我們現在這一經所說的悉地，就是第33、35經的進一步說明。

是否每一個弟子是否都會有相同的悉地？這是不一定的。每個人的業力習氣不同，修持的程度不同，身體受過去心印的影響不同，這些都是決定因素。而現在這一句經所列出來的六種悉地，它們的發生也不是必然會有一定的順序次第。

| 知本我，感官利 |

III.37 te samādhāv upasargā vyutthāne siddhayaḥ

彼等爲三摩地之障，乃起心之悉地。

經文拆解註釋

te：它們

samādhau：（於）三摩地

upa-sargāḥ：障礙，有之則不吉

vy-utthāne：起心，動世俗之念

siddhayaḥ：悉地，成就

全段白話解讀

前面所列出來的直覺等種種悉地，
對於三摩地只會是障礙，
是仍然有世俗之念的悉地，
有之則不吉。

這又是我很喜歡的一句經。它明確指出，這些悉地只會是三摩地的障礙，只有對於世俗之心未死之人才會稀罕它們。只有在離定狀態，出了三摩地，才會覺得它們是一種成就。經文中「upa-sargāḥ」這個字非常深奧，意思是「來自外在，會起妨礙的東西」。會引起發炎的病、不受歡迎的客人、被鬼纏身，都可以用這個字。如果你專注於玫瑰的香味，聞到了天界的花香，你可以視之爲一種肯定，表示自己的工夫有在進步，但是不要停在那個境地，要繼續前進，否則那種嗅覺悉地就成了陷阱。

譯按，斯瓦米韋達在《釋論》中引述了各家觀點，千篇一律都奉勸瑜伽修行者不要執迷於悉地。他總結說，只有心地未定的修行人才會去求這些悉地，而正是爲了要警告如此之人，所以聖哲爲我們列出這些悉地。虔心修練三摩地的瑜伽士，只有在離定的狀態下才偶爾會生起悉地。要明白的是，這些悉地都只是三耶昧的副產品，算是在修有智三摩地過程中一種顯示有所進步的里程碑。它們眞正的目的是讓心的感應力變得更精細，所以終極的「獨存」（kaivalya）能夠成就。

能易身

III.38 bandha-kāraṇa-śhaithilyāt prachāra-saṁvedanāch cha chittasya para-śharīrāveśhaḥ

由解開繫縛之緣由及覺知心識之流，得進據他人身。

經文拆解註釋

bandha-：繫縛

kāraṇa-：緣由

śhaithilyāt：（因）鬆脱，解開

prachāra-：流轉

saṁvedanāt：（由於）覺知

cha：以及

chittasya：心（之）

para-：別的

śharīra-：身體

a-veśhaḥ：進入，占據

全段白話解讀

由於能夠解開繫縛之緣由，以及覺知心地流動之途徑，瑜伽士因而能夠進入和控制別人的身體。

心本是極不安定的，但是因爲業的緣故，所以它被困在身體內，這就是「繫縛」（bandha）。由於三摩地的力量，心能夠「鬆開」（śhaithilya）那些導致繫縛的「緣由」（kāraṇa）。解縛是這句經所說的第一個三耶昧。

第二個三耶昧是明瞭心地「流動」（prachāra）之途徑。如果你將一張紙蓋在一塊磁石上面，在紙面上撒一些鐵屑粉，鐵屑粉就會形成一條條線，這就是磁力流動的途徑。同樣地，我們的身體就是根據心地能量流動而成形。若瑜伽士能夠經驗、明瞭心地流動的途徑，便可以學會「進據」（a-veśha）他人的身體。所謂的進據分幾種，在我的那本名爲《神》的書中，有詳盡的說明，你們自己去讀。

譯按，斯瓦米韋達的《釋論》提到：

「進據」（a-veśha）這個字用在此處有兩種情形。一種是瑜伽士的心地進入一具死屍，讓它活過來。但是另一種進據的情形就令人費解了。當瑜伽士進入一具活體時，那人的心地和感官會如何呢？那人要如何適應這個「外來者」？

這個問題沒人問過，也沒人解答過。根據我們的經驗，瑜伽士強大的心力會把低能量的心力當作工具使用。例如，我們知道有臨時進據的情形，上師能夠接通到弟子的心識，然後弟子就會爲上師執行上師要做的事業，也會在無意間用上師的音聲開口教導。

知捨身

III.39 udāna-jayāj jala-paṅka-kaṇṭakādiṣhv asaṅga utkrāntiśh cha

由調伏上行氣，不陷於水、泥濘、荊棘等，能上升。

經文拆解註釋

ud-āna-：上行氣

jayāt：（由於）調伏，克服，精通

jala-：水

paṅka-：泥

kaṇṭaka-：荊棘

ādiṣhu：等等

asaṅgaḥ：無拘束

ut-krāntiḥ：上升

cha：以及

全段白話解讀

由於能夠調伏上行氣，

不會陷入水、泥濘、荊棘等障礙，

能夠掌控死亡過程由頂上離開身體。

我們人體內主要有五種「氣」（prāṇa）在運行。威亞薩說這五種氣分別是：主氣（pra-āṇa，又譯命根氣）、平等氣（sam-āna，又譯平行氣）、下行氣（apa-āna）、上行氣（ud-āna）、周身氣（vy-āna）。其中，首要的是「主氣」。要注意，其他經典對這五種氣的定義未必相同。對於「氣」的說明，最重要的一本經典是《問奧義書》（*Praśhna Upaniṣhad*），很遺憾斯瓦米拉瑪沒有爲我們講解過這本經，否則一定很精彩。這本經回答了六個關於「氣」的問題，外面有一些翻譯本，做爲翻譯作品而言算是非常好，但可惜它們不是有實修經驗之人的著作（譯按，斯瓦米韋達原本計畫在2015年底開課講授《問奧義書》，於今也成爲我等之憾事。）。

生命是所有感官的運作現象，由主氣以及其他氣所表現出來。感官的運作分內、外二種。外，是覺知到外在，如用眼去看的視覺作用等。內，則是生命力。

「主氣」分布範圍是從鼻尖到心窩。它引導能量從心窩至口鼻之間的移動。是最主要的氣。主氣一旦離去，其他的氣都隨之而去。

「平等氣」是分布在心窩至肚臍的氣，主管消化，把食物轉化爲汁液，將能量平均地分配於身體各處。

「下行氣」分布在肚臍至腳掌之間，是負責往下、往外運行的氣，排泄、排精、生出胎兒、腸道蠕動、呼氣都是由它負責。

「上行氣」分布在鼻尖至頭頂之間，是往上流動的氣，臨終時靈靠著它能夠往上升。

「周身氣」遍布全身，任何需要用到全身之力的行動都要靠它。

能調伏上行氣的第一個悉地，是「身輕自在」（a-saṅga），瑜伽士就不會陷入水、泥、荊棘等障礙，他變得很輕，不會沉入水中，可以說能行走於水面。能調伏上行氣的另一個悉地是「上升」（utkrānti），學會了死亡之術，能夠以自己的意志，將自己的細微身從頭頂囟門脫出肉身，上合「梵界」（brahma-loka），因而不朽。（譯按，也有學者將「上升」翻譯爲「騰空」、「飛升」，所以能夠不溺於水、泥、不落入荊棘叢。）

在史詩《摩訶波羅多》（*Mahābhārata*）中也有一段敘述死亡的過程，是和這一句經有所關聯，雖然《摩訶波羅多》的文句並沒有直接提到「上行氣」，可是其中所描述大修行人如何捨棄肉身的過程是一樣的（譯按，請參閱斯瓦米韋達《讓心中的煩躁消退》〔*Introducing Mahabharata Bishma*〕書中的描述）。另外，在《卡塔奧義書》中也有提到死亡之術，可以參考斯瓦米拉瑪的書《超越生死的奧秘》以及《神聖旅程》（*The Sacred Journey*）。

生火力

III.40 samāna-jayāj jvalanam

由調伏平等氣，得炙燃光輝。

經文拆解註釋

samāna-：平等氣

jayāt：（由於）克服，調伏，精通

jvalanam：炙燃光輝

全段白話解讀

由於調伏了平等氣，

瑜伽士得炙燃光輝。

上一句經解釋過「平等氣」是能夠平均地運送一切（例如身體的汁液）到周身，以及消化所有吃下去、喝進去的東西。由於調伏了這平等氣，瑜伽士能夠控制「燃燒」（jvalanam）。這種燃燒有很多層次。在喜馬拉雅山以及西藏高原嚴寒地區，有種叫做「拙火」的工夫，修行人能用自己體內的熱能將披在身上的濕布烘乾。當你靜坐的工夫深了，就能讓身體發暖。瑜伽士身體某一部分的溫度，會比身體其他部分的溫度高。

有的人雖然沒有上師，但是由於他的悅性充盈，自然會由瑜伽學會下一步的瑜伽。如果悅性不夠充盈，到了某個程度，沒有上師指引，就會卡住。什麼是「悅性」？從三個方面可以得知：(1) 不怠惰；(2) 身體、感官、心念不會不由自主地動，能夠穩定；(3) 完全無私，不為自己打算，只為他人設想。在《薄伽梵歌》的第14、17、18章，對於什麼是悅性、動性、惰性，有非常詳盡的解釋。

另一個層次的「燃燒」是可以生出火來，把自己的身體燒成灰燼，也就是一種人體自燃現象。

再一個層次是喚醒了平等氣風（samāna-vāyu），把肚臍中心的太陽往上提升，呼吸就會像是風箱一樣在搧風鼓火，此時會生起耀眼的光芒，瑜伽士在旁人眼中看來就光明四射，有如在炙燃中。

我們要知道，靜坐不只是專注於往上運行的氣。靜坐是要能將「主氣」（prāṇa）和「下行氣」（apa-āna）結合。

譯按，斯瓦米韋達在《釋論》中透露，在口授的傳承，剛開始這種炙燃的修練，是由做風箱式調息法（bhastrikā prāṇāyāma）的同時，觀想肚臍區域有股紅色的火苗。其後還有更高層次的修練功法。

聞天音

III.41 śhrotrākāśhayoḥ sambandha-saṁyamād divyaṁ śhrotram

行三耶昧於耳與空之觸，聽聞天音。

經文拆解註釋

śhrotra-：耳朵（的）

ākāśhayoḥ：空間，空大

sambandha-：關係，連結，接觸

saṁyamāt：（由）三耶昧

divyaṁ：天界

śhrotraṁ：耳朵，聽力

全段白話解讀

由於專注於耳朵和空間之接觸得三耶昧，就能有聽聞天界音聲之能力。

前面第35、36經所說的聽覺（śhrāvaṇa）悉地，就是這一句經的悉地。不過，前者是由於行三耶昧於本我之「自」（svārtha）而來，此處的悉地則是由專注於聽覺而來。

地、水、火、風、空五大元素，每一個元素都有它所對應的感官。空大（ākāśha）所對應的感官是耳朵，耳朵聽音聲，音聲的震盪透過空間而傳送。能夠專注於耳朵和空大的接觸，就能夠聽見天界的音聲。

譯按，斯瓦米韋達在《釋論》中說，本經的三耶昧是屬於類舉，可以同樣適用於其他元素和所對應的感官。

根據數論哲學，感官（根）是「我執」（ahaṁ-kāra）的產物，請參考第二篇第6、19經，對感官與「有我」（asmitā）兩者之間關係的說明）。五大元素和感官之間的關係是很微妙的。我們的耳朵是「我執」生出來的聽覺感官。「我執」也生出來五「唯」（tan-mātra，聲、觸、色、味、香）。五唯中，「聲」的產物是「空大」，因此空大的質性是音聲。正如鐵會受磁石所吸引，聽覺會受音聲所吸引。耳朵要靠空大才能聽見音聲。

這句經的悉地，是經由專注於耳朵和空間之接觸關係而來，光是在知性上懂了這個道理是不夠的，要靠實際經驗到那個連結才行。而且，是要以右耳中所經驗到的爲佳。因此，我們在做咒語啓引時，都是要從右耳將咒語聽進去。醫學上也說，人腦中的音樂感受區是在右腦。有的人說自己在靜坐時會聽見音聲，我會請他先去檢查耳朵，看這是否屬於耳鳴問題。只有在醫學上找不出生理或心理上的原因，在沒有其他合理解釋的情況下，才能談這是否爲心靈現象。即使你坐在一個安靜的地方時，耳中聽見音聲，很可能還是屬於「外來的」音聲，不能算是神祕現象。在經典中提到，你可能聽到的音聲有九種主要類別，多達六十三種變化。

在口授的傳承，這一句經也是用來修練「音聲瑜伽」（nāda-yoga）的工夫之一。

能空行

III.42 kāyākāśhayoḥ saṁbandha-saṁyamāl laghu-tūla-samāpatteśh chākāśha-gamanam

行三耶昧於身與空之觸，及得身輕如棉之境，能天行。

經文拆解註釋

kāya-：身體（的）
ākāśhayoḥ：空間，空大
sambandha-：關係，連結，接觸
saṁyamāt：（由）三耶昧
laghu-：輕
tūla-：棉
samāpatteḥ：（得）境地
cha-：以及
ākāśha-：空間，天空
gamanan：旅行，行走

全段白話解讀

由於專注於身體和空間兩者之接觸得三耶昧，
以及因而得到身輕如棉境地，
瑜伽士能行走於天空。

這句經是說專注於身體與空大接觸的關係而有的悉地。我們的身體百分之七十是水，這個事實人盡皆知。有一回，我在印度的邦加羅爾（Bengaluru）演講，提到這個比例，在座的貴賓有一位是印度著名的科學家，會後他對我說：「斯瓦米吉，我們身體百分之七十是水，不過百分之九十九點九九九九是空間。」所以，我們以爲身體是一個固體，也不過是幻覺。

瑜伽士從親身經驗知道身體與空大的密切關係，由於專注於兩者的「關聯」（sambandha），可以把自己的身體變得輕如棉絮的「境地」（samāpatti），也是第一篇第41至44經中的「三摩鉢地」，意思是：心念和所專注對象融合，心念停止，心中只剩下所專注對象。得到這個境地的瑜伽士，能夠行走於天空。

威亞薩說，由於掌握了這個關聯，可以行走於水面，嬉戲於一條蛛絲之上，乃至於活動於光線中，可以自由行動於天空和天界。這一句經說因爲身輕而能行走於水面，前面第39經則是說因爲專注於上行氣而能行走於水面，是一樣的悉地，但是修練的方法不同。

也有人認爲，這句經的三耶昧有兩種，一種是專注於身體與空大的關聯，第二種是專注於棉絮之類的輕盈物質，這兩種都可以得到輕身的悉地。

譯按，既然空大的質性是音聲，所以也有論者說，經由某種音聲與身體的觀想法，也能有同樣的悉地。請參閱斯瓦米韋達的《釋論》。

| 大無身 |

III.43 bahir-akalpitā vṛittir mahā-videhā tataḥ
prakāśhāvaraṇa-kṣhayaḥ

外而無執之心境爲摩訶無身，因而光明之遮蔽消散。

經文拆解註釋

bahiḥ-：外部

a-kalpitā：無執著（於身體意識），非妄想（於身體外）

vṛittiḥ：心境

mahā-videhā：摩訶無身，大無身

tataḥ：因而

prakāśha-：光

āvaraṇa-：遮蔽

kṣhayaḥ：化解，摧毀

全段白話解讀

心能外於身體而不執著於身體，

這種心地境地叫做摩訶無身，

如此就能將光明之遮蓋消除。

有一種特殊的「專注」(dhārana) 叫做「無身」(videhā),是將「心念」(vṛitti) 投射到身體之外。當你的心念投射到外面,專注於某一個身外的對象,但是你的「我執」仍然沒有失去對自己身體的覺知和執著,那種境地是屬於「有執」(kalpitā,譯按,也有翻譯成「想像」)。當心能完全自外於身體,對身體的執著依靠都放掉了,此時的境地是屬於「無執」(akalpitā,非想像),這就是本經中所謂「摩訶無身」(mahā-videhā),大無身。有執無身像是一條拋下了錨的船,船雖然在海中,但錨沉落在海底,船仍然被錨繩所牽著。摩訶無身則如同一條起了錨的船,在海中自由航行。

我們布提的「性光」(prakāśha) 被種種「遮蔽」(āvaraṇa) 所覆蓋。「遮蔽」就是因動性和惰性而起的「煩惱」(kleśha),所生出的三種「業報」(類、壽、驗,見第二篇第13經以及本篇第18經)。由於能夠做到無執專注,能消除遮蔽,所以性光才能重現光明。

瑜伽士能夠做到「摩訶無身」,對身體不再執著,因而可以出離身體自在遨遊。若有需要,也能進據他人身體,這是一個悉地。另一個悉地是能夠因而化除自己的業報。

｜調伏五大與感官｜

III.44 sthūla-svarūpa-sūkṣhmānvayārthavattva-samyamād bhūta-jayaḥ

由三耶昧於粗、性、細、固、義，得調伏諸大。

經文拆解註釋

sthūla-：粗大

sva-rūpa-：本性，特質

sūkṣhma-：細微

anvaya-：固有質性

arthavattva-：所具有之意義

saṁyamāt：（由）三耶昧

bhūta-：元素（譯按，佛經中譯爲「種」或「大種」）

jayaḥ：克服

全段白話解讀

由於行三耶昧於（地、水、火、風、空）五大元素各自之五個層次：

粗相、性相、細相、固有質性相、具有之意義相，

瑜伽士能調伏控制五大元素。

這是一句很複雜的經文，需要配合圖表比較容易理解。第44至48經是一個單元，應該要合起來研讀。我們先略過去不講。

譯按，斯瓦米韋達在本次授課的錄音中，並沒有講解這句經。下面的補充是從他的《釋論》摘要翻譯而來：

這一句經談的是行三耶昧於五大元素所能獲得的悉地。根據數論哲學，宇宙世界萬物以及我們的種種心識活動，都是由源頭的「原物」所逐步衍生出來，由精到粗，由無形到有形，一共有二十四「諦」，也就是有二十四類。原物衍生下來到最後、最粗大有形、不會再繼續衍生下去的「諦」有五類：地、水、火、風、空五大元素（bhūta），也就是這一句經中三耶昧所專注的對象。更細緻地說，三耶昧所專注的是這五大元素的五個層次，是由粗到精、由具象到抽象，分別是：粗相（sthūla）、本性相（sva-rūpa）、細相（sūkṣhma）、固有相（anvaya）、義相（arthavattva）。

一、粗相

是我們最容易直接體驗理解到的，五大元素所表露出來的形態，例如地、水、火，以及它們各自的質性，例如聽到的聲、聞到的香、嚐到的味、見到的色等。五大元素各個都有屬於自己的不同質性，這質性在數論哲學中叫做「別性」（viśheṣha）。空大的質性是音聲。風大的質性是觸，但因爲風大是由空大衍生而來，所以風大的質性也包括了音聲。例如，水大的質性是味，所以任何可以用味覺分辨的物質就一定要有水大的成分在內。地大的質性是氣味，純粹的水是聞不出味道的，能聞出氣味的水就一定有地大的成分在內。

五大元素的質性分別是：

五大	**別性（質性）**
空	聲
風	觸、聲
火	色、觸、聲
水	味、色、觸、聲
地	香、味、色、觸、聲

二、本性相

是比粗相更抽象的概念。五大元素都有它們各自特殊的本性，這在數論哲學稱之爲「通性」（sāmānya），是每一大元素自己共通的性質，不和別的元素相混淆。

五大	**通性（本性）**
空	遍布無礙
風	輕盈流動
火	光明燥熱
水	濕滑均質
地	形堅具重

例如任何東西有地大成分在內的，就容易成形。有水大在內的，就容易均質。

總之，對於任何物質，我們最容易體認到的就是五大元素的粗相和本性相這兩個層次。而對任何物質的概念（名相），也都是這兩種形態的「別性」與「通性」的合體而來。

三、細相

就是生出五大元素的五「唯」（tan-mātra），是更細微抽象的層次。

五唯		所生出大五大
聲	→	空
觸	→	風
色	→	火
味	→	水
香	→	地

「唯」是色、聲、香、味、觸的抽象形態，不是我們感官所覺知的色、聲、香、味、觸形態，是處於一種還沒有顯現出色、聲、香、味、觸，但是具有色、聲、香、味、觸性質的潛伏狀態。

四、固有相

是五大元素更為抽象的層次，是五大元素固有的光明、活動、靜止三種質性，就是數論哲學中的三質性：悅性、動性、惰性。

五、義相

是五大元素的功用意義，也就是它們存在的目的。原物及其所有衍生出來的物，都是爲了「本我」（puruṣha）而有。五大元素是原物的衍生物，自然也是爲了「本我」而有，而它們存在的功用意義有二：

- 受（bhoga）：是由五大元素所引起的種種體驗感受，有樂受、苦受、不苦不樂受（也因而導致「繫縛」）。
- 解脫（apa-varga）：由於能夠捨離「受」，分辨本我與非本我，所以得到解脫（請參考第二篇第19經）。

以上就是五大元素五個層次的簡要說明，其中前三種是屬於「粗」的，可以經由普通的智力來理解。後二種是屬於「細」的，要經由「瑜伽智」（yoga-buddhi）才能領會。

瑜伽士順著上面的順序，依次專注於五大元素這些層次，得其三耶昧，就能調伏操控它們。所謂的調伏是說：

- 直接經驗到它們的形態和本質。
- 能操控、改變五大元素，所以能獲取如後面第45經所描述的縮身、大身等悉地。

威亞薩說，瑜伽士能調伏諸大，因而原物的各個元素都會聽命跟隨於他。

調伏五大與感官

III.45 tato'ṇimādi-prādurbhāvaḥ kāya-sampat tad-dharmānabhighātaśh cha

如是，則能現細身等，成就完身，且質不受抑。

經文拆解註釋

tataḥ-：於是

aṇimā-：微小

ādi-：等等

prādur-bhāvaḥ：顯現

kāya-：身體

sampat：完美，成就

tat-：它（之）

dharma-：特質

an-abhi-ghātaḥ：不受影響，無抑制

cha：以及

全段白話解讀

（能調伏五大元素之後）於是瑜伽士

可以顯現出縮小身形等（八種）悉地，得完美身，

而且（五大元素）不能限制他身體之特質性。

這一句經我們也略過，以後由學院裡的老師來教大家。經句中有個名詞「完美身」（kāya-sampat），它的定義是在下一句第46經。

譯按，斯瓦米韋達在本次授課的錄音中，並沒有講解這句經。下面的補充是從他的《釋論》摘要翻譯而來：

前一句經說，瑜伽士調伏了五大元素，所以他能讓物質聽命於他。這一句經進一步解釋，說因此能夠獲得三種成就：第一是得「八悉地」，第二是得「完美身」，第三是「不受抑制」。

一、**八悉地**分別是：

1.細（aṇimā）：可以將身體變得極小，能穿過極細微空間。
2.輕（laghimā）：可以將身體變得極輕盈。
3.大（mahimā）：可以將身體變得巨大無比。
4.得（prāpti）：任何東西伸手即得，乃至手指可以觸及月亮。

以上這四種悉地是由行三耶昧於五大元素之「粗相」而來。

5.意無礙（prākāmaya）：可以依意志進出地中、水中，毫無阻礙。這是由行三耶昧於五大元素之「本性相」而來。

6.如控（vaśhitva）：可以完全掌握五大元素之力，以及它們所產生的物質。這是由行三耶昧於五大元素之「細相」而來。

7.主宰（īśhitva）：對一切元素以及它們所產生物質的生、滅、結構，都做得了主。這是由行三耶昧於五大元素之「固有相」而來。

8.如意成辦（yatra-kāmāvasāyitva）：一切可以依其意欲完成。這是由行三耶昧於五大元素之「義相」而來。

二、**完美身**，請看第46經的說明。

三、**不受抑制**是指身體的特質（dharma，或者說法相）不受五大元素的限制，不受它們影響。地的堅實性不能阻擋瑜伽士身體，他甚至能穿透岩石。水的濕性不能濕卻他的身體。火不能燒到他。風吹不動他。空雖然不能遮蔽任何東西，但是瑜伽士可以讓身體被空所遮蔽，即使連大成就者（siddha）也看不見他。

瑜伽士雖然得了「如意成辦」的悉地，一切物質元素都必須聽命於他，但是他的能力不能違反神意，不能改變宇宙現有秩序，例如空大生風大、風大生火大、火大生水大、水大生地大、月之盈虧等，並非他所能改變。

調伏五大與感官

III.46 rūpa-lāvaṇya-bala-vajra-saṁhananatvāni kāya-saṁpat

形美優雅強壯堅實，是完美身。

經文拆解註釋

rūpa-：美麗身形

lāvaṇya-：優雅動人，眾人所樂見

bala-：力，強壯

vajra-：（如）鑽石，堅硬

saṁ-hananatvāni：質地

kāya-：身體

sampat：完美，成就

全段白話解讀

（前一經所謂）完美身是身形優美，眾人目光所聚，強壯有力，堅硬密實。

這裡是在爲上一句經所說三種成就中的「完美身」（kāya-sampat）做出定義。

「外形優美」（rūpa），顯現出種種美好。「優雅動人」（lāvaṇya），吸引眾人的目光。「強壯有力」（bala）。

下一個字「vajra-saṁ-hananatvāni」的意義，非常不容易完整翻譯出來，只能勉強用「堅硬密實」來表達。Vajra的意義是鑽石，表示如同鑽石般不容易切斷。在藏傳密教中，它叫做「多傑」（dorje）。在印度神話中，它是帝釋天的兵器「金剛杵」、「雷電杵」。也表示肢體結實有如猴王哈努曼（Hanumān），擁有哈努曼的攻擊力。

調伏五大與感官

III.47 grahaṇa-svarūpāsmitānvayārthavattva-saṁyamād indriya-jayaḥ

由三耶昧於取、性、我、固、義，得調伏諸根。

經文拆解註釋

grahaṇa-：執取

sva-rūpa-：本性，特質

asmitā-：有我

anvaya-：固有質性

arthavattva-：所具有之功用意義

saṁyamāt：（由）三耶昧

indriya-：感官（譯按，佛經譯爲「根」。）

jayaḥ：克服

全段白話解讀

由於行三耶昧於感官（之五個層次）：

執取、本性、有我、固有質性、功用意義，

瑜伽士能調伏控制感官。

譯按，斯瓦米韋達在本次授課的錄音中，並沒有講解這句經。下面的補充是從他的《釋論》摘要翻譯而來：

前面第44經說能行三耶昧於五大元素之五個層次，就能調伏五大元素。元素是感官的對象，是「所執取」（grāhya）。這一句經的結構和第44經相同，主題是感官，是「執取」的工具。能行三耶昧於感官的五個層次，就能調伏控制感官的這五個層次。它們從粗到精依序爲：執取（grahaṇa）、本性（sva-rūpa）、有我（asmitā）、固有質性（anvaya）、功用意義（arthavattva）。

一、執取

前幾句經解釋了「五大」以及「五唯」的「別相」和「通相」，這些叫做「所執取」，也就是可以被執取、被覺知到的。而感官可以去執取，去覺知聲、觸、色、味、嗅，是覺知的工具，有覺知的功能。這叫做「執取」，是感官的第一個層次。（譯按，佛教則認爲感官只具有覺知「通性」的功能，覺知「別性」的功能在心。但是威亞薩駁斥這個論點，認爲感官能同時覺知通性和別性。他的論點請讀者參閱斯瓦米韋達的《釋論》。）請讀者參閱第一篇第41經以及本篇第21經關於「執取」、「所執取」、「能執取者」的說明。

二、本性

關於「本性」請參閱前面第44經的說明。此處是指布提悅性賦予各個感官自身領域的覺知特性，例如耳的「聽性」、眼的「視性」等，彼此不混淆。

三、有我

「有我」的觀念說明請參閱第二篇第6經。威亞薩說這就是「我執」（ahaṁkāra，譯按，這是數論哲學的用語，與《瑜伽經》中所謂的「有我」有細微的差異）。根據數論哲學，所有感官都是「我執」的衍生物。所以它是所有感官的通性。

四、固有質性

關於「固有質性」請參閱前面第44經「固有相」的說明。此處也是指貫通一切物質的三種質性：悅性、動性、惰性，它們的本性就是去「引」（vyavasāya），那就是感官能夠覺知的原因。

五、功用意義

同樣，也請參閱前面第44經關於「義相」的說明。感官對「原物」也有「受」和「解脫」的功能意義。

依次專注於感官的這五個層次得三耶昧，所得到的「悉地」就是能調伏控制感官。此處所謂的調伏感官，不是其他經文所謂的調伏感官，而是經由此處所開列的修練方法所得到的特殊成就。瑜伽士因而能夠不爲任何誘惑所動搖，那才是完全地控制感官。

這裡有個觀念需要說明，這一句經所列出要調伏的五個層次中，最後三個層次意謂著要調伏原物、大（布提）、我執，分別是「物」的最原始狀態、第一階段衍生狀態、第二階段衍生狀態。而感官是它們的衍生物，所以這三者自然是感官中本來具有的成分，如同棉線自然是棉布中本來的成分。

後面第48經說，由於調伏感官，所以能調伏原物。從邏輯上而言，感官是原物的果，原物是因。但是能克服果並不能克服因。所以我們要明白這裡的意思是，行三耶昧於感官，是在調伏感官內在的成分。當棉布被染色，自然意謂著棉布內的棉線也被染色。

這句經中所說的調伏感官，與八肢瑜伽第五肢的「內攝」（pratyāhāra）的關聯需要略加說明。任何「知覺」，它產生的過程分爲兩個階段：

- 引（vyavasāya）：感覺器官和對象有了接觸，例如具有某個波長的光觸及眼睛。有的學者會將它翻譯成「了別」（determination），可能是把它誤認爲另一個字「adhyavasāya」。
- 續引（anu-vyavasāya）：在「引」之後的剎那間，心識覺知到光和眼睛有了接觸，生起覺知經驗，這是第二階段。

作者的實證經驗是，「內攝」只發生了「引」，而沒有「續引」，換言之，心識對感官所受到的刺激不起反應，感官因而靜了下來，不再向外「引」。

作者在實驗室的環境中，使用最先進的腦波測試儀器，做了一連串的對比實驗，證明經過靜坐訓練之人能夠將這兩個階段予以分隔。例如，在與人交談或口授文件時，腦波仍然可以呈現出深沉放鬆的7至10赫茲波值。而張眼口授文件與閉眼口授文件，腦波值幾乎沒有差異（這表示進行言語感官活動時，即使張眼也可以收攝視覺感官的覺知）。

| 調伏五大與感官 |

III.48 tato mano-javitvaṁ vikaraṇa-bhāvaḥ pradhāna-jayaśh cha

如是，疾如心念，超感官，以及調伏原物。

經文拆解註釋

tataḥ：於是

manas-：心意念

javitvam：快速

vi-karaṇa-：超感官，放射

bhāvaḥ：成爲

pradhāna-：原物

jayaḥ：調伏，克服

cha：以及

全段白話解讀

（由於調伏了感官）瑜伽士動起來快如心念，有超感官覺知力，以及能調伏原物。

由於能夠做到前一經所說的調伏感官的五種層次（而調伏感官又是由第44經調伏五大元素而來），瑜伽士能得到三種「悉地」：

1. 他的身體動起來能快如心念的速度（manas爲「心意念」，javita爲「快捷」）。
2. 有超感官能力（vikāraṇa爲「感官，投射」，bhāva爲「成爲」），感官能依他的意願覺知遠方，不受身體限制，能夠接觸到任何對象，不受時空限制。
3. 調伏原物（pradhāna爲「原物」，jaya爲「調伏」），pradhāna就是prakṛiti，調伏原物就是能調伏一切原物，包括原物的二十三類衍生物。能調伏原物衍生的過程，也就能調伏宇宙萬事萬物。我們在講第14經時說的sarvam sarvātmakam（一切即一切），能做到那個地步，就是由於能調伏原物的緣故。

威亞薩在解釋這句經時，將這三個「悉地」稱爲「蜜徵」（madhu-pratīka）悉地。他在第51經中將瑜伽士的境地分爲四個層次，其中一個境地叫做「蜜地」（madhu-bhūmika），也就是第一篇第48經所謂的「真實智」（ṛitambharā prajñā），跟這一句經都是相關的，請各位回去溫習。

我們要明白，這個悉地不是由簡單地調伏感官而來，是要用前面幾句經所講的方法去修三耶昧，實證感官由粗到細的五個形態層次，才能成就的。

我們說過，第44到第48經是自成一個單元，要合起來學習，你們在自習的時候要注意到這一點。

全能與全智

III.49 sattva-purușhānyatā-khyāti-mātrasya sarva-bhāvādhișhțhātṛitvaṁ sarva-jñātṛitvaṁ cha

純然能知悅性與本我之別，是全能以及全智。

經文拆解註釋

sattva-：（布提之）悅性

purușha-：本我

anyatā-：分離，區分

khyāti-：知曉，見地

mātrasya：唯有，純粹

sarva-：一切

bhāva-：存有狀態

adhi-șhțhātṛitvaṁ：權威，掌控

sarva-jñātṛitvaṁ：一切智

cha：以及

全段白話解讀

唯有在證悟了布提悅性與本我是分離的，

因而是全能，掌控一切，

以及是全智，了知一切。

當瑜伽士得了這種特殊「智慧」（khyāti），什麼智慧？見到「悅性」（sattva）和「本我」（puruṣha）根本是「分離」（anyatā）的。有了這樣的智慧，他會得到兩種悉地：

- 全能，「有至上權力、完全掌控」（adhi-ṣhṭhātṛitvaṁ）「一切」（sarva）「存有狀態、生命狀態」（bhāva）。
- 全智（sarva-jñātṛitvaṁ）。

所謂的「掌控」，就是第一篇第40經中所說的「掌控」（vaśhīkāra）：

> paramāṇu-parama-mahattvānto'sya vaśhīkāraḥ
> 瑜伽士的專注力，由最細微的原子到最廣大規模的，都可掌握控制。

威亞薩進一步解釋：當布提中的動性和惰性的污垢，已經清除完善，瑜伽士純然安住於證悟心的悅性和本我是分離的境地中，他就會得到全能。

一切事物都由三種質性組合而成。瑜伽士掌握了三種質性，自然就掌握了萬事萬物。

質性既具有「引」（vyasasāya）的一面，又具有「所引」（vyasaseya）的一面。「引」是與別的對象接觸，例如心念或是感官去「接觸」對象，是覺知的作用。這個字在今日印度語言中，是從事某種職業的意思，與此處所指的意義不同。「所引」則是心念或感官所接觸、所經驗到、所覺知的「對象」。

瑜伽士掌握質性，根據威亞薩的解釋是：質性的「引」以及「所引」這兩個方面，會完全地呈現在它們的「主宰」（svāmin）面前。這「主宰」就是「知場者」（kṣhetra-jña，譯按，根據《薄伽梵歌》，「知場者」就是本我，所知之「場」就是「原物」的質性所形成的宇宙萬物）。這就是「全能」，能完全掌控一切存有狀態的意思。

至於「全智」，威亞薩說，是能知悉一切有關質性的三種狀態：隱沒（śhānta）、顯現（udita）、不可察覺（avyapadeśhya）。（譯按，請參閱本篇第14經對這三種法相的說明。）這種知識智慧是由「明辨」（viveka）而來，它是即時而有，「非次第」（a-krama，譯按，見本篇第54經的解釋，這是直覺智慧，霎時全部閃現，不必經由學習思辨循序而來）。這個悉地稱爲「無憂」（vi-śhokā，譯按，見第一篇第36經的說明），得了這個悉地的瑜伽士能：

- 知一切。
- 除去所有「煩惱」（kleśha）以及「束縛」（bandhana）。
- 自在安樂漫遊。

威亞薩在解釋這句經的時候，提到了好幾句相關的經，你們要能融會它們的意義。它們分別是：

- 第一篇第40經的「掌控、精通」（vaśhīkāra）。

- 第三篇第14經的「隱沒」（śhānta）、「顯現」（udita）、「不可察覺」（avyapadeśhya）。
- 第三篇第54經的「非次第」（a-krama）。
- 第三篇第36經的「直覺智光」（prātibha）。
- 第一篇第36經的「無憂」（vi-śhokā）。

譯按，斯瓦米韋達在《釋論》中寫道：

有論者說，瑜伽士調伏了感官，做得了感官的主，才具備獲得直覺經驗的能力，體會到布提和本我的分離狀態，了知本我一向是超脫於布提的。這個悉地就是所謂「超脫悉地」（parā siddhi）。

悉地可以分爲「超脫」（parā）和「非超脫」（a-parā）兩種。後者是以某種對象爲其領域，一心求解脫的人應該捨棄這種悉地。「超脫悉地」有助於修行人體認自己的眞實自性，只有這種悉地才是可取的。

在修行之道上，路途的兩旁布滿了越來越精彩的種種悉地，吸引著在路上的旅者，但這些都只會令他迷亂分心。虔心問道的人有著強烈的捨離心，他心力堅定，對途中所有這些「神力」的引誘都能不顧而去。由於自己的內心已經得到調伏，找到內在的寧靜，所以他能無視於這些引誘。如此的修行人終於能見到神的眞面目。到這個境地的瑜伽士，稱爲「無憂」。

全能與全智

III.50 tad-vairāgyād api doṣha-bīja-kṣhaye kaivalyam

即於彼亦無執，不潔種子消失，得獨存。

經文拆解註釋

tad-：彼，那個

vairāgyāt：（由於）無執、捨離

api：縱然，即使

doṣha-：不潔，染污

bīja-：種子

kṣhaye：失去

kaivalyam：獨存

全段白話解讀

即使連前一經的那些全能全智悉地，

瑜伽士也能將它們捨離的緣故，

不潔淨的種子因而消失，

就能因而得到絕對獨存。

第49經所描述的那種掌控自然力量的全能、擁有一切知識的全智悉地成就，是何等迷人，可是如果瑜伽士連對那些悉地都能夠無貪無執，那麼他就可以燒焦一切煩惱染污（doṣha）的種子，因而獲致「獨存」（kaivalya），絕對的解脫。這才是最高的「悉地」。這種不執著，就是第一篇第16經的「終極無執」（para-vairāgya）。

全能、全智是布提悅性的作用；能分辨布提與本我是分離的明辨智慧，也是布提悅性的作用；無憂悉地也是布提悅性的作用，它們仍然是屬於「物」，不是本我。所以，瑜伽士到了這個地步，連它們都要捨，做到這樣的「終極無執」，生出一切煩惱染污的種子就會被燒焦，不能再生出煩惱染污的業行。當這些煩惱種子和心地都消融了，本我就不再經驗到三種「苦」的灼燒（譯按，關於「苦」，請參閱第二篇第15、16經。）

第二篇第4經提到，煩惱的存在有四種狀態：潛伏、削弱、受抑制、熾盛發作。威亞薩在解釋那一句經時說，還有第五種狀態（其實不眞的算是煩惱的狀態），是有如燒焦的種子，處於永久的休眠狀態，不會再發芽。到此，瑜伽士縱然還有行爲，但是他的行爲不會留下心印種子，因爲心意已經消融，這才是眞正的心念已經止息，心行寂滅（chitta-vrṛitti-nirodha，見第一篇第2經），連全能、全智的心念也滅了。

三種質性在我們心中顯現爲業行、煩惱，以及業行和煩惱的果報的形態：

1. 於此已經完成了它們的任務（見第二篇第18經，質性的任務有二：「受」、「解脫」）。
2. 質性反溯（prati-prasava）的消融過程也已經完成（見第二篇第11經）。

因此，本我能夠「永遠而徹底」（ātyantika）與質性分離，這就叫做本我的「獨存」，到此，本我就是覺性之力（chiti-śhakti），安住於自性中（見第一篇第3經）。那才是本我一向的狀態。

我們再回顧一下，在研讀這一句經時相關的經句：

- 第二篇第4經，煩惱的四種狀態。
- 第一篇第2經，心行寂滅。
- 第二篇第10經，煩惱斷除。
- 第二篇第11經，煩惱所生心念就如燒焦的種子。
- 第二篇第25經，證悟到本我則無明將滅失。
- 第二篇第27經，七重智慧。
- 第二篇第15、16經，關於苦的定義。
- 《數論頌》（Sāṅkhya-kārikā）第1頌，永遠而徹底（ātyantika）滅苦，以及第68頌，徹底獨存。

譯按，《數論頌》及其釋論被譯爲中文的《金七十論》，收藏於《大藏經》內。其中第1頌說：「三苦所逼故，欲知滅此因，見無用不然，不定不極故。」提及滅苦要做到「定」、「極」就是ātyantika。「定」是肯定、確定，「極」是終極、永久。第67頌（斯瓦米韋達所參考的版本編號是67）說：「捨身時事顯，自性遠離時，決定及畢竟，二獨存得成。」其中的「畢竟」也是ātyantika。

- 第一篇第3經，本我安住於自性。
- 第二篇第25經、第三篇50、55經、第四篇第34經，這四句經提到獨存。如果你們將來要寫關於這個題目的論文，就必須引用這些經。

譯按，斯瓦米韋達在《釋論》中引述：

修行者（sādhaka）分爲三等：

1. 在修行之途上前進，耽樂於悉地境界之人，是第三等。
2. 在途中即使遇見悉地，能夠即時轉身離去之人，是第二等。

3.完全不遇見悉地之人，是第一等。

只有第一等修行者，因爲能終極無執，合乎解脫之條件，爲眾人所景仰。唯有此種人才能速得解脫。

全能與全智

III.51 sthāny-upa-nimantraṇe saṅga-smayākaraṇaṁ punar aniṣhṭa-prasaṅgāt

天人邀伴亦不貪不矜，免重墮受殃。

經文拆解註釋

sthānin-：地位顯赫（天人）的

upa-ni-mantraṇe：邀約

(sthāny-upa-nimantraṇe)：受天人邀請

saṅga-：貪，吸引

smaya-：驚異，自負

a-karaṇam：無所作爲

punaḥ：再度

aniṣhṭa-：不可取，災難

pra-saṅgāt：傾向，可能發生

全段白話解讀

瑜伽士即使受天人邀請爲伴去天界享樂，

也不應該被吸引或覺得自滿，

否則可能重新墮落，再受災殃。

威亞薩在解釋這句經時說，瑜伽士依修行火候可以分爲四個「地」（bhūmi），四個層次（譯按，這些其實都是已經有相當成就的修行者）：初始（prathama-kalpika）、蜜地（madhu-bhūmika）、光慧（prajñā-jyotis）、無修（ati-krānta-bhāvanīya）。《瑜伽經》的註釋者對於每一個層次的確實定義，意見並非完全一致。

在初始地的瑜伽士剛開始進入三耶昧的階段，還不能掌握例如「了知他人心地」（第19經）之類的悉地，但已經入了最初始程度的「有尋三摩地」（sa-vitaka samādhi），可是還沒進入到第一篇第48經的「眞實智」（ṛitambharā prajñā）。

在蜜地的瑜伽士已經入了「無尋三摩地」（nir-vitaka samādhi），得了「眞實智」，下一步是調伏五大元素（第44經）和調伏感官（第47經）。

在光慧地的瑜伽士已經調伏了五大元素以及感官，在修行境地上已經不會退轉，下一步是得明辨智慧。

在無修地的瑜伽士得了第二篇第27經的七重智慧，深入有智三摩地，已經具有「終極無執」。他的最後一步是心地寂滅，進入非智三摩地，得「獨存」。

在介紹了這四個層次的瑜伽士之後，威亞薩說，這句經中所描述，會受到天人邀請相伴的，只有屬於「蜜地」的瑜伽士。因爲天人對於第一地「初始地」的瑜伽士不感興趣。第三地「光慧地」的瑜伽士，自己能生出殊勝的境地，對天界之樂不感興趣。第四地「無修地」的瑜伽士，已經具有「終極無執」，早已捨離任何世間、天界的欲望。

天人會對「蜜地」的瑜伽士說：「在天界天女如雲，身體不會老壞，我們那裡有能讓你的一切願望得到實現的許願樹，有一切的美妙景色、美妙的音聲等種種美好。你的成就非凡，足以和我們相伴。來，來，來，加入我們。」此時瑜伽士應該即時警惕自己：「我多生累劫以來歷經生死輪迴，如今好不容易走上了瑜伽修行之途，才得了小小光明。若貪圖逸樂享受的欲望之風，只會吹熄這光明，我怎麼能再被這種虛幻景象所騙，再度受輪迴之火所煎熬？會追求那些夢幻享樂的是次等的生靈，我祝福你們，請離去。」

瑜伽士除了要能拒絕這樣的引誘，還不能夠起自尊自大的心念：「瞧，我多了不起！連天人都會來找我作伴。」一旦起了這樣的自負心念，就像是給死神抓住頭髮而被提走了。能夠如此提防小心，終極三摩地自然會來到。

譯者按，佛教也有類似的說法。不過在佛教經典中，來引誘考驗修行人的都是「魔」，例如佛陀在菩提樹下即將成道之際，魔王試圖用三名魔女來誘惑他。又例如《維摩詰經》記載魔王假扮成天帝，率領一萬兩千名天女來誘惑持世菩薩，被維摩詰揭穿擊退。

斯瓦米韋達曾說過，古印度的傳說是，大修行人的道行會威脅到天界的天人，所以天人會來到凡間誘惑他。他在《昆達里尼》（*Kuṇḍalinī: Stirred or Stilled*，中文譯名：拙火瑜伽）書中曾經引述過一個生動的故事，特摘錄於下：

印度有個古老的故事，有一位瑜伽師是大修行人，他打坐入了定，一定就上千年，連螞蟻都在他身上建了個大蟻垢。他的定力之深，力量直沖上天，天宮都受到撼動。天宮裡的天人大為驚恐，連天帝都坐不穩了。為了要保住天宮，天帝想盡辦法誘惑這位大修行人。可是無論是什麼誘惑，這位瑜伽師都不為所動，連眼皮都不抬一下，仍然不出定。

最後天帝只好親自出馬，從天宮下到凡間，扒開蟻垢，對瑜伽師說：「尊者，你為什麼老是在這裡打坐？來，跟我來，以你的成就，早就夠資格上天宮了。」

可是這位尊者對於天宮毫無興趣，他求的是解脫。對他而言，天宮也不過是個有限的地方。縱然有億萬銀河之大，但是比其那無邊無際的，天宮就像是這個身體，仍然是個牢籠。想想看，你在同一個房間（比喻這個身體）待上八十年，都沒有邁出房門一步是什麼滋味？大多數人都不敢、也不想踏出去，就死守著這間房。可是有人出去過，會對我們說：「來，瞧瞧外面的風光嘛，外面眞是無限光明啊。」

總之，這位尊者認爲，從這個身體的小牢籠，換到一個大牢籠，終究還是住在牢籠裡。所以他對天帝統領的天宮不感興趣。除了「無際」，其他什麼都不要。大修行人的志氣就是這麼大。

但是天帝還是堅持要他去天宮走一趟再決定。瑜伽師就問：「你們天宮裡究竟有什麼了不起的東西？」

天帝說：「啊，我們天宮到處都是用黃金裝飾的，那種黃金是你們這個世界找不到的。而且我們那裡飄蕩著各種香氣，那種香，是你搜集了人間所有水塘裡長的蓮花，合起來的香氣都比不上。還有數不盡的天仙，爲我們載歌載舞。你應該見識一下我們天女的美貌，讓我們的天女長爲你獻上一段舞藝。你這輩子見過女人嗎？」

「沒有。」瑜伽師回答。

天帝就拉起瑜伽師，「那你務必要跟我走一趟！」

所以瑜伽師就這樣被硬請上天宮，被請上了寶座，它幾乎跟天帝的寶座一樣氣派。於是，天女長出場爲他獻舞，跳的是七重紗舞（有實證功夫的人才會明白所謂七重紗究竟是何所指，以及七重紗舞所代表的密意）。

天女長一出來，披著一件黃紗。瑜伽師說：「啊，這就是女人，原來女人是黃色的。」

天帝在一旁立即說：「不是，不是，不是，你再等一下才知道。」

天女長跳著跳著，她把黃紗除掉，露出裡面裹著的白紗。

「啊，原來她是白色的！」

天帝說：「不是的，尊者，你只會閉眼打坐，你沒有見識過。」

「那麼，她不是白色的？」

天帝說：「不是，不是！那只是另外一層紗而已。」

天女長從來沒有如此盡力表演過，她深知自己責任重大。要保住天帝的位子，一定要引誘瑜伽師不再禪定下去。隨著舞曲的旋律，她越跳越投入，一層一層地除去身上所披的紗。第一層是黃色，第二層白色，然後是紅紗、灰紗、藍紗、水晶紗，到了第七層，其實已經不是紗，只有身子了。

瑜伽師開始感到不耐，因爲這支舞太長了。他問：「她爲什麼不繼續把紗給除了呢？」

「這是最後的，沒得再除了。」

瑜伽師很失望，因爲這層肉體紗不除下來，他還是沒見到藏在裡面的「女人」。

如果所有覆蓋的紗都除盡了，最裡面的就是昆達里尼。所以瑜伽師回到凡間，繼續三摩地大定，定在不受紗覆蓋的女人中，定在昆達里尼中。

明辨慧所生智

III.52 kṣhaṇa-tat-kramayoḥ saṁyamād vivekajaṁ jñānam

三耶昧於剎那及彼之序，由明辨慧生智。

經文拆解註釋

kṣhaṇa-：剎那

tat-：它們（的）

kramayoḥ：順序，次第

saṁyamāt：（由於）三耶昧

vi-veka-jam：由明辨慧所生

jñānam：智慧，知識

全段白話解讀

由於專注於「剎那」以及它們的「序」得三耶昧，就能因明辨慧生出大智慧。

威亞薩在解釋這句經時花了很多篇幅說明什麼是「剎那」（kṣhaṇa），以及什麼是時間。這牽涉到印度古典哲學中的基本物理理論，我們在這個初級班課程中不詳細討論，各位請自行參考我寫的《釋論》。

瑜伽士專注而證悟了「剎那」以及它的序列，就可以得到明辨慧而生起大智慧。我們以前曾經談過什麼是「剎那」的定義：最微小的粒子移動它自身距離（長度）所用上的時間就是一個剎那。這是今天原子鐘的計時原理，而帕坦迦利和威亞薩早就知道了。

譯按，根據斯瓦米韋達的《釋論》，所謂「最微小的粒子」（anu 或 paramāṇu），是物質最細微的構成單位。它不可再被分割，所以沒有「部分」可言，是印度古典哲學理論中所提出來的觀念。anu常被翻譯成外文的「原子」（atom），但並不是西方物理學所謂的原子粒，因爲原子粒不是最細微的粒子，還可以再被分割成更細微的粒子。anu在佛經中常見的翻譯是「鄰虛塵、鄰虛、微塵」。微粒子移動它自身的距離，其意思是，因爲微粒子無法分割，沒有部分，它必須要整個移出它原來所占據的空間，移入緊鄰的下一個空間，才能被觀察到它有移動。如此的一次移動，就是一個剎那，也是一次的「轉化」，或者說一次「變易」。所以，剎那必然牽涉到微粒子，要觀察到剎那，以及它的連續無間序列，就必然要能觀察到微粒子。能觀察到微粒子，則宇宙萬物的本質和變易都瞭然於胸。

「剎那」是時間最基本的單位，而「時間」就是「剎那」的連續。如同一條線是點的連續，但你看不見點，只看見線。如果你具有高度分辨力的心識，就知道線是一序列點的連續。神祕的宇宙萬物都是由線條形成的形狀，三角形、圓形、方形、球形、圓柱、立方形等，而線條又是由點所形成，所以宇宙是由點所構成。根據物理學數學的定義，點有位置，但是沒有量度、長寬高、範圍空間、質量可言。所以宇宙究竟是什麼？是否很奇妙？

那麼一系列的「剎那」是存在於何處？威亞薩說，它們存在於你的布提內，在你的心識內存在，而不是客觀存在（譯按，斯瓦米韋達在《釋論》中引述了各家學說，討論時間究竟是實有的，還是只是一種想像的觀念而沒有實體存在。如果時間是虛幻的，那麼過去和未來也必定是虛幻的，只有目前這一個「剎那」是眞實），所以時間也是一種「夢想」（vikalpa，見第一篇第9經）。當我們的心念由於禪定而變得銳利，就能領會到每一個「剎那」（譯按，就是每一個當下，這也是一種觀想法門。然而，「剎那」只有一個，不可能同時有兩個「剎那」存在。「剎那」是最短暫的時間）。能領會到「剎那」，自然就能不受物體表面的線條形狀所限制，而看到萬物的本質。此時就會發現到，整個宇宙都存在於自己的布提中，自己的知識見地不再受到時間空間的拘束。到達如此境地的瑜伽士，就叫做「三時見者」（tri-kāla-darśhinī）。

明辨慧所生智

III.53 jāti-lakṣhaṇa-deśhair anyatā'navachchhedāt tulyayos tataḥ pratipattiḥ

類、徵、地無法分辨二者有別，則如是判定。

經文拆解註釋

jāti-：物類，物種

lakṣhaṇa-：特徵

deśhaiḥ：方所，地點

anyatā-：有別，他性，不同

an-ava-chchhedāt：不分劃，不限定

tulyayoḥ：二者等同

tataḥ：因而，如是

pratipattiḥ：判定，確定

全段白話解讀

當兩個相類似的東西，

無法用物類、特徵、所在處這三類標準來區別時，

則只能用（前一經所說的）明辨慧來判定。

這一句經是延續前一經的主題「明辨慧」。

我們在講第14經時說，「一切即一切」（sarvam sarvātmakam），牆中的磚可以是水，水可以是磚。既然如此，「水」和「磚」有什麼區別？水爲什麼是水，磚爲什麼是磚？它們各自的「性」有何不同？這是很古老的哲學問題，古希臘時代的蘇格拉底就已經在探討這個問題。古印度的哲學家也有同樣的問題，牛何以成牛？他們用了很長的篇幅討論，得出好幾個主要的判定標準。例如有人問你，你是什麼？你說是人類。另一個人問你，你說我是男人。換一個人問你，你說我是印度人。再換一個人問你，你說我是德里人。再問你，你說我是約翰。究竟哪個是你？人、男人、印度人、德里人、約翰，各有什麼不同？區別何在？

這一句經說，區別主要在於：物類、特徵、處所。但是如果連這三項都無法區別時，就只有靠前一句經所說的明辨慧來區別。

威亞薩舉例，牛和印度羚羊有同樣特徵（譯按，雄性印度羚羊的長相與公牛近似），它們待在同一個地點，但一隻是牛，一隻是羊，這是物種類別不同，所以可以區別。如果同樣地點有兩頭牛，處所和物類相同，就要用特徵來區別，例如一頭有黑眼，另一頭有特殊花紋。

有兩顆菴摩羅果（amla或āmalaka）的外形完全一樣，你可以靠它們擺放的位置來區別，例如一顆在前，一顆在後。如果有人趁你不注意的時候，將兩顆果子擺放的前後位置調換，一般人就會無法區別兩顆果子有何不同。

但是，眞理需要能夠明辨，所以有明辨慧就可以區別兩顆果子有何不同。道理何在？果子在某個處所和那個當下的「剎那」是有連結的，有明辨慧的瑜伽士，就可以依「剎那」與處所連結的變易，判定哪一顆果子原來是擺在前面的，哪一顆原來是在後面的。「剎那」變易是最細微的變易，沒有比它更細微的變易。

譯按，菴摩羅果是一種綠色漿果，如李子大小，味酸，果樹遍布印度及南洋一帶，營養豐富。斯瓦米韋達說，「如掌中菴摩羅果」是梵文常見的用語，表示充分掌握或見得一清二楚。在佛學典籍中也見到類似表述法。

明辨慧所生智

III.54 tārakaṁ sarva-viṣhayaṁ sarvathā-viṣhayam akramaṁ cheti vivekajaṁ jñānam

能解脫，知一切境及一切狀，非次第，此乃明辨慧所生智。

經文拆解註釋

tārakam：（自己生起的）解脫者，能渡者

sarva-viṣhayam：一切境界，一切領域

sarvathā-：一切方式，一切狀態

viṣhayam：境界，領域

a-kramam：沒有次第，沒有順序

cha-：以及

iti：如此

vi-veka-jaṁ：由明辨慧所生

jñānam：智慧，知識

全段白話解讀

明辨慧所生起的智慧，
不是有次第地來到，
能知一切境界以及一切狀態，
它是解脫者，是能讓人解脫的智慧。

我們在讀第52經時見過這個詞「明辨慧所生智」（viveka-ja爲「明辨慧所生」，jñāna爲「智慧」）。這一句經接續第53經而來，所說的智慧是全智，而不是偏智。

此處說，「明辨慧所生智」像是閃現的直覺靈光（prāti-bhā，見第33經），是由自己內在生出，不是由學習得來。它知一切境界（sarva-viṣhaya）中所有東西。在這裡，viṣhaya不是指感官的對象，而是知識的對象。一切對象個體、特質、動靜、形態，都是這個智慧的「境」（viṣhaya），都是它所知的對象，無所不包。它還知對象的「一切狀態」（sarvathā），所有的方式，一切過去、現在、未來。

這個智慧的產生是「非次第」（a-krama）的，不是有序、有條理的，而是沒有先後次第的。這是個有趣的題目，很多世界上發生的大事，都是一種屬於「無序」的現象，不是可以用「A生B，B生C，C生D」這樣的邏輯推理來還原的。例如，美國紐約世界貿易中心大樓遭到恐怖襲擊，就是一個這樣的事件。幾年前，我曾經在荷蘭鹿特丹的一個國際會議中，以「非次第」的觀念來說明這個事件。

這樣的智慧是霎時全部閃現，沒有先後，是完全完整、周遍圓滿（pari-pūrṇam）的智慧，「能令人得解脫」（tāraka），能令人得渡。即使「瑜伽之燈」（yoga-pra-dīpa，或「瑜伽之光」）也只不過是它的一小部分。所謂「瑜伽之燈」，包括了第一篇48經的「眞實智」（ṛitambharā-prajñā），以及第二篇第27經的「七重極地智慧」

（saptadhā prānta-bhūmi-prajñā），其中的種種智慧只是這個圓滿智慧的一部分。「瑜伽之燈」的智慧有如燈火，而這個圓滿解脫智則有如太陽。

至於像有尋三摩地，以及第16經所講的悉地（知過去未來）等，就更不如這個圓滿解脫智，它們連「瑜伽之燈」都稱不上，只能算是燈火中的區區星火而已。

| 獨存 |

III.55 sattva-purușhayoḥ śhuddhi-sāmye kaivalyam iti

悅性與本我同等潔淨，乃獨存，即此。

經文拆解註釋

sattva-：布提悅性

purușhayoḥ：本我（的）

śhuddhi-：潔淨，純淨

sāmye：等同

kaivalyam：獨存

iti：即此，到此

全段白話解讀

當布提悅性能夠和本我同樣純潔清淨，

那就是所謂的獨存。就如此。

這裡有個奇怪之處。帕坦迦利在《瑜伽經》第三篇和第四篇最後一句經都是以「iti」這個字做爲結束用語，第一篇和第二篇則沒有用到。「iti」很難翻譯，它的意思是「說到此爲止，再沒有後話」。第三篇和第四篇都是以「獨存」（kaivalya）收場，不必有後話也沒有後話，所以用「即此」做爲結束，是強調語氣的用語，在古典梵文中常見到。

當布提中的動性和惰性的污垢，已經被清洗乾淨（所以布提剩下來的唯一作用，就是認清悅性和本我是不同的），而「煩惱」的種子也已經被燒焦，那麼布提悅性就變得純潔清淨，「似乎」和本我相同。到此，布提悅性不再一廂情願地和本我打交道，不再去摹仿本我，本我的本來清淨因而得以彰顯，這就是本我的「獨存」。所以，即此，就是如此。

《瑜伽經》由「茲此」（atha）這個字開場，以「即此」（iti）這個字收場。

請大家要注意研究交叉勾連的經句，要將它們彼此之間的連繫瞭然於胸，明白連繫何在，試著把你的心得寫出來，如此才是最有效的學習方法。

譯按，斯瓦米韋達的《釋論》寫道：

帕坦迦利在本篇一開始就爲我們列出一連串進入「獨存」的三耶昧修練法，以及它們各自所生起的種種悉地。在最後這一句經，他教我們如何直接、終局實證「獨存」。問題是，要達到最終「解脫」（mokṣha），我們是否必須先實證這些悉地，還是可以繞過它們直接進入「獨存」？回答是，進入「獨存」可以完全不需要這些悉地，甚至連最高的悉地——從明辨慧所生起的智慧（第54經）——都不需要。唯一需要的是：能實證區分布提悅性和本我是不同的明辨慧。但明辨慧畢竟仍然是布提心識，是最終證悟到「獨存」的前一個步驟。修行人還要超越布提心識，才能終極證悟本我。

既然如此，那何必枉費心力教導種種悉地？回答是，悉地並非完全沒有意義。它們不能直接導致證悟「獨存」，但是或許有間接促成之功。教導種種悉地，唯一眞正的目的是讓修行人對瑜伽修行生起信心，在遇見悉地時，知道自己有所進步，但要能放下它們，既不可去追求悉地，也不可執迷於悉地境界。

附錄

《瑜伽經》中的種種悉地

「悉地」（siddhi）這個名詞在《瑜伽經》中一共出現四次。雖然說，「悉地」或「必普提」（vibhūti）是《瑜伽經》第三篇的主題，但本文中所提出來的定義和解說，可以表明「悉地」其實是整部《瑜伽經》四篇中所共通的一個題目，連第一篇也不例外。

這個名詞首先出現在第二篇第43經，它所指的是因爲「苦行」（tapas）修練導致身體和感官變得完美。接下來是出現在第二篇第45經，它指的是「三摩地」，所以「三摩地」就是「悉地」。第三次出現是在第三篇第37經，「悉地」被說成是不可取的，是求取「三摩地」的「障礙」（upa-sarga）。第四次出現是第四篇第1經，「悉地」是可以用五種不同方法得來的成就。

悉地與必普提

我們要留意一件事，一般公認第三篇所呈現的就是「悉地」，篇中也用了很多篇幅去解釋「悉地」，然而篇名卻不是「悉地篇」，反而是「必普提篇」。悉地和必普提有何不同，是一個需要解答的問題。

讓我們很快地看一下這兩個梵文字。siddhi是由動詞字根√sādh（意思是完成、成就、達標）而來，同樣來自這個字根的還有：sādhana（方法）、sādhanā（修行）、sādhu（終身修行之人）、siddha（有成就大師）等名詞，這些名詞對於學習瑜伽的人應該都不陌生。「修行」

是專注的修練行為，而「悉地」是「修行」的成果，是修練過程的目的。最後能夠保留住的法力叫做「必普提」。在瑜伽士，它是得自於修行。在神或者由神轉世的聖人（例如奎師那），它是天生的。當瑜伽士的悉地變得天生的，它就可以被稱做「必普提」。

因此，瑜伽士若是攝受了必普提的法力，當他的悉地成為必普提，就可以有近乎「仙聖」（aiśhvarya）的地位，威亞薩在註釋第三篇第55經時就特別指出，aiśhvarya在這裡所指的不是「神」，而是具有「必普提」之力的瑜伽士。

我們需要進一步了解「必普提」這個名詞的意義。從詞源來說，它的意義是《黎俱吠陀》（*Ṛig-veda*, 8.58.2）真言所指出的：「的確，這所有都是由一成為多。」（ekaṁ vā idaṁ vi babhūva sarvam.）強調是一個單體內所創造分化出來的多。這是「必普提」這個詞最早的出處。由此我們就可以理解，《薄伽梵歌》第十章標題為〈必普提瑜伽〉（Vibhūti-yoga），不僅僅是稱頌神的法力，更是在表示一位神靈之內所擁有的多樣性。

其後，「必普提」這個詞被大量使用，有了許多細微不同的意義。（譯按，作者此處引用了許多梵文經典，在此略過。讀者可自行參閱斯瓦米韋達的《瑜伽經釋論第三輯》。）我們無法確定，究竟在語言學的歷史長流中，「必普提」這個詞是從什麼時候開始失去了它豐富的意涵，被「凍結」為後來「法力、榮耀」的狹窄意義。但我們需要認定《瑜伽經》第三篇所列舉的種種「悉地」，等同於《黎俱吠陀》中的「必普提」，有著「一中有多」的意義。因此，神能夠由「一」顯化為「多」，瑜伽士也能在自己範圍內顯化出多樣性。

這也是為什麼第四篇第3經告訴我們，「悉地」原來就存在於我們本性中，它所以會顯現出來，就像是農夫引水灌溉田地，只需要打開水閘，讓水自然流下即可。瑜伽士只要能除去阻擋的障礙，原本潛伏在內的法力就能流出來。這是個內在的轉化過程，第三篇第12至15經，以及第四篇第1至3經，就是在解釋它是怎麼發生的。

也有的說法把「悉地」分為內外二類：

- 外悉地，和自身之外的事物有關，例如：
  1. 對所有生靈的慈心（第一篇第33經、第三篇第23經）。
  2. 對星辰運行的知識（第三篇第28經）。
- 內悉地，己身之內的，例如由專注於臍輪能知曉自己身體的結構。

《瑜伽經》其他篇章中的悉地

「悉地」這個題目不是只出現在第三篇而已。如果我們一貫把「悉地」翻譯為「成就」，則每一篇都有經句提到悉地。下面我們列舉某些經句（包括威亞薩的權威《釋論》）所提到的悉地。這當然帶有某種程度的隨意性，例如「心地清明愉悅」（第一篇33經）也可以當作是種成就，但是此處就沒有列入。

第一篇

- 第35經，極度專注帶來的感官體驗，例如聞到天香（divya-gandha-saṁvit）等體驗。
- 第36經，心穴發出的光明（jyotiṣhmatī），分爲兩個層次。
- 第38經，清醒的睡眠狀態（yoga-nidrā）。
- 第40經，終極調伏掌握（vaśhīkāra）自然界之力和現象，可以比擬所謂的「八悉地」（第三篇第45經）。

第二篇

- 第35至44經，如實奉行「夜摩」（yama）戒律和「尼夜摩」（niyama）善律所導致的種種效驗（我們暫且不將第45經的三摩地當作是一種悉地）。
- 第48經，由體式法帶來而不受對立狀況影響（dvandvānabhi-ghāta）。

第三篇

（在此不重複，見我們對第三篇的講解。）

第四篇

- 第4經，瑜伽士能「造心」（nirmāṇa-chitta）明顯是一種悉地。

有一個問題來了，第三篇第37經所謂不吉（upa-sarga）會阻礙三摩地的悉地究竟是哪些？當然第三篇第35經能「知曉本我」（puruṣha-jñāna）的悉地，不是障礙。同樣地，由四梵住讓心地「清明愉悅」而生出的「力」（bala），也不是障礙。

第37經所指的，應該像是這些悉地：

- 能知道極細微、遙遠、被遮住、過去未來的事物。
- 能聽見天界的音聲，有天界的觸感，嚐到天界之味，聞到天界之香。

能夠「知曉本我」之後，這些「悉地」算是一種附產品，有可能自然發生，卻很容易讓修行人分心而不繼續朝著非智三摩地前進，所以才特地提出警告。我們應該採取解讀經文的「餘類推」原則，將第37經所謂的不吉悉地類推到其他類似的悉地，而不只限於第36經所說的六個方面（直覺、聽覺、觸覺、視覺、味覺、嗅覺）。

悉地的分門別類

《瑜伽經》中廣義的「悉地」，可以有如下分類。

純粹靈性上的

- 「非智三摩地」和「有智三摩地」（第二篇第45經的三摩地悉地），以及屬於它們子類別的，例如「有尋附隨」（vitarkānugata）等（第一篇第17經）。
- 知曉本我（第三篇第35經）。
- 區別本我與非本我之別的明辨慧。
- 與已經捨棄肉身的大師溝通（第一篇第37經、第三篇第32經）。

由道德情操來的

- 清明愉悅心（chitta-pra-sādana）
- 淨化心地（chitta-parikarma）
- 固心得止（sthiti-ni-bandhana）
- 梵住（brahma-vihāra），例如慈心（maitrī，第一篇第33經），以及從而生力（第三篇第23經）。
- 持非暴等戒律、德律而有的悉地（第一篇第35至44經）
- 穩固、靜止（第一篇第33經、第二篇第46至47經、第三篇第31經）

超越一己之身心

- 造出新心（nir-māṇa-chitta，第四篇第4經）

- 進據他人身體（para-śharīra-aveśha，第三篇第38經）
- 知他人心念（para-chitta-jñāna，第三篇第19經）

根據所知之分類

a）屬於無形的

- 眞實智（ṛitambharā prajñā，第一篇第48經）
- 明辨慧所生智（viveka-ja-jñāna，第三篇第35、52經）
- 直覺的解脫智（tāraka，第三篇第54經）
- 靈光智（prātibha，第三篇第33、36、54經）
- 心識的狀態，例如在睡眠中（第一篇第38經）
- 知曉死亡之時（aparānta-jñāna，第三篇第22經）
- 知前世（pūrva-jāti-jñāna，第三篇第18經）
- 知過去未來（第三篇第16經）
- 知遙遠以及隱藏的（第三篇第25經）

b）屬於有形的

- 知所有生靈語言（sarva-bhūta-ruta-jñāna，第三篇第17經）
- 知宇宙世界（bhuvana-jñāna，第三篇第26至28經）

c)屬於心地之內的

- 知心穴蓮花內之心地（chitta-saṁ-vit，第三篇第34經）

- 全智（sarva-jñātṛitva，第三篇49經）

d）屬於由專注某個意識中心而有的

- 輪臍（nābhi-chakra，第三篇第29經）
- 龜脈（kūrma-nādi，第三篇第31經）
- 喉井（kaṇṭha-kūpa，第三篇第30經）

由天界以及細微身經驗來的

- 天耳（divya-śhrotra，第三篇第41經）
- 種種超感官體驗（第一篇35經、第三篇第36經）

由調伏而來的

- 調伏上行氣（udāna-jaya，第三篇第39經）
- 調伏平等氣（samāna-jaya，第三篇第40經）
- 調伏五大元素（bhauta-jaya，第三篇第42、44經）
- 調伏感官（indriya-jaya，第三篇第47經）

身體上的成就

- 身輕，決定死亡（第三篇第39經）
- 隱身（第三篇第21經）
- 強身健體（第三篇第46經）

- 有力（第三篇第24經）
- 止飢渴（第三篇第30經）
- 炙燃光輝，自燃（第三篇第40經）
- 聽聞天音（第三篇第41經）
- 飛天（第三篇第42經）
- 快如心念（第三篇第48經）
- 完全調伏原物以及其衍生物（第三篇第48經）
- 其他的法力，例如縮小身形等等（第三篇第45經）

以上所列舉的分類「悉地」並非鉅細無遺，而且無可避免會有重複的類別。

陷阱

《瑜伽經》中有四句經警告修行人當心「悉地」所帶來的陷阱。

- 第一篇第15經說，對於種種感官之樂乃至於天界之樂，要能「無執」（vairāgya），不可動心。
- 第三篇第37經認為，悉地是三摩地的障礙。
- 第三篇第50經說，即使是全能以及全智的殊勝悉地，也必須對它們「無執」。
- 第三篇第51經再度警告，不要受天人引誘，也不要對自己的成就感到自豪。

我們要再次強調：

- 「悉地」不僅止於第三篇所列出來的那些。
- 「悉地」和「必普提」這兩個概念需要趨於一致。

此外，我們要指出，這些警告只是針對下列的悉地：

- 得了之後會讓人對天界之樂的引誘不能起捨離心（第一篇第15經）。
- 是三摩地的障礙（第三篇37經）。
- 無助於銷毀煩惱染污的種子，以至於不能達至「獨存」解脫（第三篇第50經）。
- 讓人以爲自己法力高強，陷入自尊自大的陷阱（第三篇第51經）。
- 讓人得少爲足，以爲到了「初始地」、「蜜地」這些境地（第三篇第51經）就可以滿足了。
- 讓人以爲到了像天人境地就夠了（第三篇第51經）。

以上這些對「悉地」的警告，同時意謂著對於淨化自心有益的悉地並不在此列，這些包括：清明愉悅心、夜摩和尼夜摩、不會引起虛榮心的、三摩地、終極無執、獨存。

第三篇包含的其他題目

我們不要以爲《瑜伽經》第三篇全部都是在講「悉地」。第1至15、44、47、50至55經，涵蓋了許多其他的題目。

1. 八肢瑜伽中「內肢」的部分（第1至7經）
2. 三耶昧以及三摩地的過程（第4、9經）
3. 智慧的曙光（第9至15經）
4. 將三耶昧運用於不同的境地上（第6經）
5. 心地轉化成一心境地（第12經）
6. 心地的滅轉化以及三摩地轉化（第9、12經）
7. 法、時、位三種變易（第13經）
8. 因果律（第14至15經）
9. 法相與法體的關係（第14經）
10. 五大元素的五個層次（第44經）
11. 感官的五個層次（第47經）
12. 由終極無執得獨存（第50經）
13. 提防來自天界的引誘（第51經）
14. 明辨慧所生智（另一個方式，第53經）
15. 解脫智（第54經）
16. 當布提和本我同等潔淨則是獨存（第55經）

此外，在有些經句中，威亞薩在講解特定的悉地時，詳細討論了它們的哲學理論，例如：

1. 在講解關於聽懂一切生靈語言的悉地時，特別討論了在語言學的哲理中，字詞和意義的關係（第17經）。
2. 「時間」的理論，以及對「剎那」的定義（第52經）。

總結

關於第三篇的種種悉地，我們以爲《瑜伽經》的態度是，悉地本身對三摩地沒有幫助，但是悉地是由修練三耶昧而來，而修行人要經歷一連串的三耶昧修練，最後到了最高的明辨慧，才有可能進入三摩地，所以充其量只可以說它對三摩地起了間接的助益。其次，悉地也有可能在種種專注法的修練過程中，不經意地來到，如此它可以喚醒修行人的信心，知道自己的修行有所進步。

但是，對於這種悉地，修行人需要非常小心，不可以因而自滿，以爲自己已經成了大師，縱然有高等生靈來邀他「登天」，也必須漠視之，繼續向著三摩地前進。

假如第三篇的主要目的是在提倡悉地，它就不會在結尾時（第49至55經），回到「獨存」這個主題。「獨存」這個名詞在第三篇一共在第50和55經出現了兩次，反而在第四篇「獨存篇」中，這個名詞只在最後的第34經出現一次。

慢慢細讀第三篇就會發現，它也是在用悉地爲我們揭示宇宙和性靈的法則。

《瑜伽經》所列舉出來的悉地，只是舉例，並不完整。其他經典，例如《祥地利亞奧義書》（*Śhāṇḍilya Upaniṣhad*）所列出的「悉地」更是洋洋大觀。

（譯按，斯瓦米韋達在《釋論》中詳盡列出《祥地利亞奧義書》中的悉地，並且比較它們與《瑜伽經》中悉地的異同。原文過長，請讀者自行參閱原書）

以上引用《祥地利亞奧義書》只是舉例之用，在浩瀚的瑜伽典籍中還有數不清的悉地，假如再加上來自佛教和耆那教的，這個題目就講不完了。

總之，「悉地」這個題目值得更加深入探討分析，遠超過這個短篇的範圍。此處只是提出幾個可能的思考方向，慢慢細讀《瑜伽經》第三篇，會爲這個題目開啓更多的門路。

國家圖書館出版品預行編目(CIP)資料

瑜伽經白話講解．必普提篇／斯瓦米韋達．帕若堤
（Swami Veda Bharati）作；石宏譯．-- 二版．-- 新北
市：橡實文化出版：大雁出版基地發行，2024.04
面；　公分 --（觀自在；BA1042R）
ISBN 978-626-7441-23-7（平裝）

1.CST：瑜伽

137.84　　113004073

觀自在BA1042R

瑜伽經白話講解．必普提篇

附瑜伽大師斯瓦米韋達梵文原音逐字誦讀線上聽

作　　者　斯瓦米韋達．帕若堤（Swami Veda Bharati）
譯　　者　石宏
責任編輯　于芝峰
協力編輯　洪禎璐
內頁構成　宸遠彩藝
封面設計　陳慧洺

發 行 人　蘇拾平
總 編 輯　于芝峰
副總編輯　田哲榮
業務發行　王綬晨、邱紹溢、劉文雅
行銷企劃　陳詩婷
出　　版　橡實文化 ACORN Publishing
231030新北市新店區北新路三段207-3號5樓
電話：（02）8913-1005　傳真：（02）8913-1056
網址：www.acornbooks.com.tw
E-mail信箱：acorn@andbooks.com.tw
發　　行　大雁出版基地
231030新北市新店區北新路三段207-3號5樓
電話：（02）8913-1005　傳真：（02）8913-1056
讀者服務信箱：andbooks@andbooks.com.tw
劃撥帳號：19983379　戶名：大雁文化事業股份有限公司

印　　刷　中原造像股份有限公司
二版一刷　2024年04月
定　　價　480元
I S B N　978-626-7441-23-7